KB179653

쉽고 간편하게 그림으로 배우는

알짜배기 골프 1

쉽고 간편하게 그림으로 배우는

알짜배기 골프 1

발행일 2017년 8월 22일 1판 1쇄
2024년 1월 30일 1판 2쇄

지은이 이봉철·박상용
발행인 최봉규

발행처 지상사(청홍)
등록번호 제2017-000075호
주소 서울 용산구 효창원로64길 6, 일진빌딩 2층
우편번호 04317
전화번호 02)3453-6111 **팩시밀리** 02)3452-1440
홈페이지 www.jisangsa.co.kr
이메일 c0583@naver.com

스포츠모델·이유민 / 사진일러스트·이유경
ISBN 978-89-6502-276-3 (04690)
ISBN 978-89-6502-275-6 (세트)

*잘못 만들어진 책은 구입처에서 교환해 드리며, 책값은 뒤표지에 있습니다.

쉽고 간편하게 그림으로 배우는

알짜배기 골프

이봉철 박상용 지음

지상사 Jisangsa

초보 골퍼 스스로의 관심과 흥미를 유발 단계적인 지도 방법을 제시한 책

안녕하세요. 호서대학교 스포츠과학부 골프전공(KLPGA 프로) 정일미 교수입니다. 나의 삶의 기쁨 중의 하나는 좋아하는 일이 있다는 것이며, 또한 좋아하는 일을 지금까지 하고 있다는 것입니다. 그것은 30년을 넘게 동고동락해 온 골프입니다. 오랜 기간 골프를 지속하는 비결은 하고 싶은 일을 해야 할일로 만들어갔기 때문입니다. 8번의 KLPGA 투어 우승의 골프선수로서 활동하면서 현재는 챔피언스투어 시합에 출전하며 대학에서 후학을 양성하는 교육자로서 활동을 하고 있습니다.

대한민국의 골프 시장은 대중화되어 가고 있습니다. 골프 종목을 올림픽에서 금메달을 획득의 승전보로 국민들을 통합시키고 인간 내면화의 공기로서 그 위치를 확고히 자리 잡고 있습니다. 이제는 스포츠 강국으로서 국민의 삶의 질을 향상시키는 한국의 골프 문화를 일부 소수가 아닌 대중의 스포츠로 사회 통합과 조화로운 사회 구현에 목표를 두어야 한다고 생각됩니다.

《알짜배기 골프》는 엘리트 선수를 양성하는 성과주의의 골프가 아닌 지, 덕, 체 중심의 전인교육으로 친밀한 유대감을 제고시키고 목표 성취를 위한 합리적인 행동 규범을 풀어나가고 있습니다. 특히 재미있고 알찬 내용은 스킬 중심의 골프 레슨을 지향하는 골퍼들에게 가지고 있는 운동 수행능력과 잠재되어 있는 능력을 개발하기 위한 구성으로 초보 골퍼 스스로의 관심과 흥미를 유발시키면서 읽을거리를 제공하고 있습니다.

우리나라의 골프 스포츠는 이제 내면화와 사회화를 위해 골프 스포츠를 제도권 밖 교육에서 제도권 안으로 전환되어야 합니다. 골프는 일부 특권층의 전유물은 아닙니다. 물리적, 공간적 시설과 과도한 비용 등이 필요하다는 기존의 관념을 벗어나서 양질의 자원과 혜택을 개인이 선택할 수 있도록 사회 전체가 용인하고 웰빙을 위한 자기주도 학습으로 이어져야 합니다.

골프는 개인 운동으로 연습의 방법이 중요합니다. 이 책은 참여자들의 기초 체력을 다지고 균형 잡힌 자세를 연습할 수 있도록 준비 운동과 근력의 구조에 따른 숙달 방법으로 체력을 단련하고 운동 시 부상을 방지하는 체계적이고 과학적인 연습 방법을 제시하고 있습니다.

《알짜배기 골프》는 골프마니아를 위해 스트레칭 훈련과 밸런스 훈련, 그리고 심리 훈련을 시행함에 있어 초심자들이 싫증을 내지 않고 자발적이며 능동적인 참여를 할 수 있도록 단계적인 지도 방법을 제시한 책 입니다.

단계적으로 처음에는 맨몸이나 변용된 도구를 사용하여 자연스럽게 골프에 흥미를 갖도록 하면서 체력을 증진하는 기초 체력운동, 운동 수행능력, 스윙 스킬에 따른 차별화를 주는 최고의 책입니다. 《알짜배기 골프》는 지도자에게는 체계적이고 과학적인 지도 방법을 제시하고, 배우는 골퍼들에게는 운동 수행의 지침서로서 통섭의 지혜를 가지기 바랍니다.

호서대학교 스포츠과학부 골프전공(KLPGA 프로)

정일미 교수

알짜배기 골프는 맨발로 알아갑니다 자기주도 학습으로 알아 가는 힐링 골프

우리는 놀이와 게임과 스포츠에는 친근하지만 골프에는 거리감이 있습니다. 특정인들의 전유물로만 생각하기 때문입니다. 알짜배기 골프는 놀이이자 게임이며 스포츠입니다. 알짜배기 골프는 맨발로 알아가는 징검다리 골프로서 골프 초보자들이나 비기너들의 기초 체력을 배양하고 자기주도 학습을 위한 힐링 골프입니다.

성인들의 대중화된 골프를 어린이들의 놀이에 접목시켜 스포츠의 순기능인 내적 만족을 통한 신체적 경쟁을 통해 유소년들에게는 성장 운동 기능과 어린이의 운동 신경 능력을 증가시키며 성인들에게는 사고 감정 및 행동 양식을 통합하고 조화롭게 하기 위함입니다.

알짜배기 골프는 인체 각 기관의 고유 기능을 제대로 수행할 수 있도록 자유로운 라운지나 체계화된 학습 공간에서 시공간을 활용하여 원활하게 운동 수행을 할 수 있도록 하기 위한 전인 교육과 스포츠의 사회화를 지향합니다.

알짜배기 골프는 참여 스포츠의 대중화를 위해 엘리트 선수를 양성하는 성과주의의 골프가 아닌 지, 덕, 체 중심의 전인 교육으로 친밀한 유대 감정을 제고 시킵니다. 또한 목표 성취를 위한 합리적인 행동 규범을 제시하는 모든 대상들에게 즐겁고 재미있게 맨발로 친근하게 다가갈 것입니다.

특히 골프를 배우는 초보자에게 잠재되어 있는 능력을 개발하기 위해 알짜배기 단계적인 훈련 교육을 통해 주입식의 지루한 교육 형태가 아닌 비기너 스스로의 관심과 흥미를 유발시키는 훈련으로 단련되어져야 합니다.

알짜배기 골프는 초심자들이 자연스럽고 빠르게 골프에 익숙해지기 위한 골프입니다. 단계적으로 기본적인 자세와 기술, 용어 등의 핵심적인 요소들을 파악하며 배움과 동시에 역학적인 신체의 움직임을 통해 균형 잡힌 신체 발달도 유도합니다.

신체의 조화와 안정을 위해 기초 체력을 바탕으로 개인의 신체 발달에 따라 참여자 스스로 골프에 대한 흥미와 잠재력을 키워나가 골프의 무한한 가능성을 찾게 합니다.

골프는 개인 운동입니다. 개인 운동은 연습의 방법이 중요합니다. 참여자들 스스로 기초 체력을 다지고 숙달 방법으로 체력을 단련하고 운동 시 부상을 방지하는 체계적이고 과학적인 연습으로 운동되어야 합니다.

알짜배기 골프는 골프를 위해 스트레칭 훈련과 밸런스 훈련, 그리고 심리 훈련을 시행함에 있어 초심자들이 싫증을 내지 않고 자발적이며 능동적인 참여를 할 수 있도록 단계적인 지도 방법을 제시합니다.

알짜배기 골프는 체계적인 훈련으로 많은 시간을 할애하는 라운드 중심의 엘리트 선수들에 비하여 주어진 시설에서 골프 스포츠에 대한 실체를 알 수 있도록 연령에 맞게 스트레칭과 워밍업을 충분히 시켜주면서 흥미와 지식을 제공합니다.

특히 기형화된 자세에 잠재되어 버린 능력을 개발하기 위해 스킬 중심의 스윙 척도에서 운동 수행 능력 향상과 스윙을 위한 드릴을 중점적으로 정리하였습니다. 아울러 신체 발달, 운동 신경, 자기감정 조절, 사회성과 정서, 창의력, 도전성 고취 등 목표 관리의 프로그램으로 정신력과 협동심을 키우고 인간관계도 넓힐 수 있도록 합니다.

알짜배기 골프는 진입이 어려운 초심자들에게 균형 잡힌 자세를 만들고 기초 체력을 향상시키기 위해 ① 기초 과정, ②응용 과정, ③심화 과정으로 단계화한 체계적인 코칭으로 정리하였으며 골프 스포츠로 배우는 인간의 지적 능력과 운동 수행 능력을 배양시키기 위함입니다.

저자 이봉철 박상용

CONTENTS

03 골프 놀이 알기

04 골프 규칙과 매너 골프

05 노끈으로 배우는 골프 드릴

06 힘쓰는 방법 알기

10 운동감각 발달하기

11 두뇌 개발하기

12 건강한 골프 알기

기초 과정

재미있는 골프 알기

골프는 놀이예요, 게임이에요 아니면 스포츠이에요?

◈골프는 골프공을 골프채로 쳐서 코스 상에 있는 구멍에 넣는 운동으로 놀이에서 시작하여 게임으로 그리고 스포츠로 발전했습니다.

사람들이 왜 골프를 좋아하나요?

◈친구들과 야외에서 따사로운 햇볕을 받으며 좋은 공기를 마시는 가운데, 푸른 잔디 위를 걸으면서 즐겁게 장시간 운동을 하기 때문입니다.

"GOLF"

Green	• 녹색, 잔디
Oxygen	• 산소, 공기
Light	• 햇빛
Foot	• 발, 걸음

골프 게임은 어떻게 하나요?

◈골프 경기장은 18홀의 홀로 구성되어 있습니다. 골프 게임은 경기장에서 정지된 공을 골프채로 쳐서 홀에 순서대로 넣는 경기로, 홀에 들어가기까지 걸린 타수가 적은 사람이 경기에 이기게 되어 있습니다. 경기장 규격은 대부분 18홀 합계 72타의 코스로,

72타의 코스는 PAR3, PAR5의 홀이 각 4개와 PAR4의 홀 10개입니다. 18개의 홀은 각각의 거리와 그 난이도에 따라 규정된 타수를 부여하는데 이를 PAR라고 합니다. 경기는 골프장의 코스에 따라 1번 홀부터 18번 홀까지 차례로 규칙에 따라 클럽으로 공을 치면서 행해지는데, 공을 친 횟수가 적은 사람 순으로 순위로 정하면서, 18홀의 경기가 1회전 경기입니다. 걷는 거리는 약 7km, 운동 시간은 4시간 이상 장시간 소요되는 운동으로 체력이 중요합니다.

Golf Course

[골프 코스] 골프 경기를 하기 위해 만들어진 그라운드를 뜻하며 보통 20만평에서 30만평의 넓이로 만들어진다. 해안가에 만들어진 코스를 시 사이드(sea side)코스라고 하며, 육지에 만들어진 코스는 인 랜드(in land)코스라고 한다.

출처: 골프용어집, ㈜골프존

골프장 구조는 어떻게 이루어져 있나요?

◈골프 경기장은 차를 주차하는 주차장, 등록을 하는 클럽하우스, 운동을 하는 골프 코스, 휴식을 취하는 골프텔로 배치되어 있습니다. 클럽하우스에는 입구에 주차를 도와주는 주차관리실, 등록하는 프런트, 옷을 갈아입는 라커룸, 식사를 하는 레스토랑, 회의실 등이 있습니다. 코스는 티그라운드, 페어웨이, 러프, 해저드, 그린 구역으로 설계되어 있습니다.

홀이란 무엇인가요?

◈골프에서 홀이란 게임을 진행하는 코스의 홀이 있으며 그린에서 볼을 집어넣는 구멍의 홀이 있습니다. 코스를 나타내는 홀은 게임을 위해 크게 3개 구역으로 나눕니다. 골프 게임을 시작하는 직사각형으로 생긴 티그라운드, 정상적인 통로라는 뜻을 페어웨이, 지름 10.8cm(백팔번뇌)의 구멍이 있는 그린이 있습니다. 게

임할 때 재미를 더하기 위해 인공으로 만들어 놓은 샌드 벙커와 호수로 만든 워터 해저드를 군데군데 만들어 놓았으며, 이를 해저드라 합니다. 이는 부정확한 샷을 방지하기 위해 만들어 놓았습니다. 이외에도 실수하면 안 되는 잡초와 수림의 러프라는 구역도 있고요. 허용되지 않는 OB라고 불리는 아웃오브바운즈도 있습니다. 그리고 홀은 18개로 설계되어 있으며 형태가 모두 다르답니다.

Hole

[홀] 티그라운드(teeing ground)로부터 스루 더 그린(through the green)을 거쳐 퍼팅 그린에 이르는 코스를 구성하는 1단위의 구역을 뜻한다.

출처: 체육학대사전, 민중서관

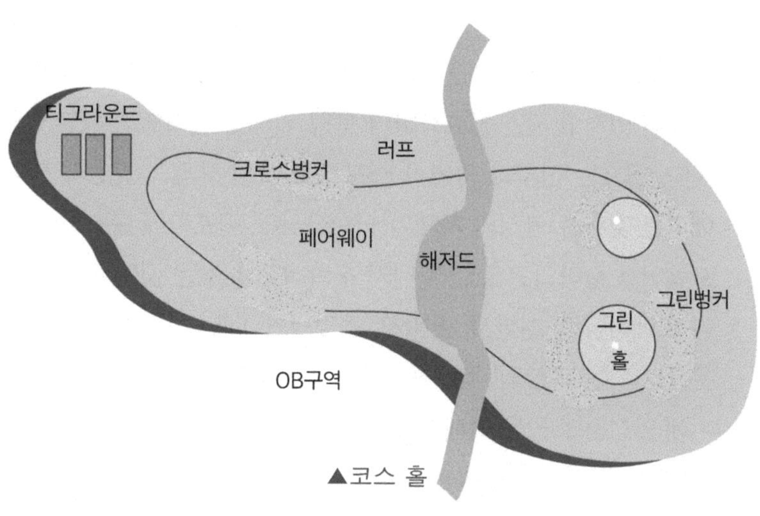

▲코스 홀

◀그린 홀

골프를 할 때 입는 옷은 별도로 있나요?

◈골프 운동을 할 때는 보편적인 기준으로 골프 복장이 있습니다. 대한골프협회의 골프 규칙에는 복장과 관련된 명확한 규정이 제시되어 있지 않지만 골프장마다 복장 기준을 달리 제시하고 있습니다. 골프는 신사와 숙녀의 스포츠로서 그 클럽의 규정에 따라 예의를 갖추는 복장과 자세가 필요합니다. 골프장에 도착해서 골프웨어를 갈아입고 코스에 나가야 합니다. 남성은 깃이 없는 셔츠나 트레이닝복, 청바지, 반바지, 조깅팬츠, 테니스용 짧은 팬츠 등은 금기되는 복장입니다. 골프는 자연 지형을 이용하는 스포츠이기에 안정된 스윙을 위해 미끄럼이 방지된 골프화를 신는 것이 좋습니다. 물에 적시지 않는 방수화나 피로가 덜 되는 가벼운 신발이면 더욱 좋습니다.

골프장에서는 어떠한 장비를 사용하는 가요?

◈골프장에서 사용하는 장비를 골프 클럽이라고 합니다. 클럽은 스윙 목적이나 상황에 맞게 사용해야 하는데, 크게 우드클럽과 아이언, 그리고 퍼터를 사용합니다. 클럽은 크게 공을 타격하는 타구면인 헤드와 클럽의 막대부분인 샤프트, 양손으로 잡는 부분인 그립 등 세부분으로 구분합니다.

Club

[클럽] 골프공을 치는 데 사용하는 길고 가느다란 모양의 도구.

출처: 체육학사전, 스포츠북스

Head

[헤드] 골프 볼을 치는 클럽 끝의 부분, 목제(木製: wood)와 철제(鐵製: iron)가 있다.

출처: 체육학대사전, 민중서관

Shaft

[샤프트] 골프에서 클럽의 손잡이 부분을 가리킨다. 스틸샤프트(steel shaft)와 그래파이트샤프트(graphite shaft) 등이 있다. 스틸샤프트는 다소 무겁지만 비틀림이 적어 방향성과 비거리가 그래파이트샤프트보다 일정하다는 장점이 있다.

출처: 두산백과

Grip

[그립] 클럽의 끝 부분에 있는 고무/가죽으로 된 손잡이 부분. 혹은 클럽을 쥐는 동작.

출처: 골프용어집

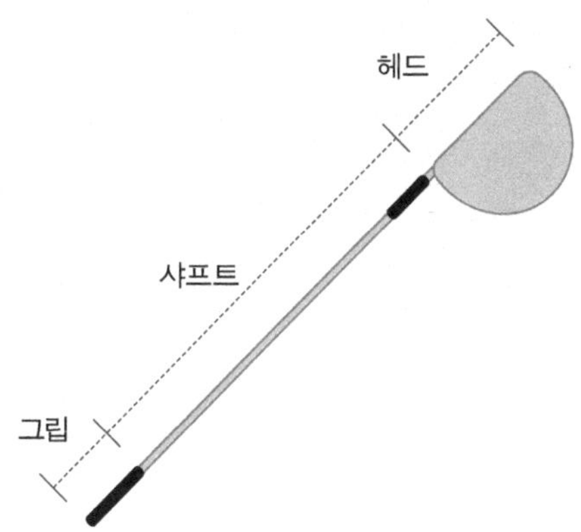

골프 게임에 사용하는 볼을 어떤 볼인가요?

◈골프 볼은 우레탄 재질의 합성수지로 만듭니다. 공을 쳤을 때 공중에서 생기는 공기저항을 줄여 더 멀리 날아가도록 하기 위하여 제작 과정에서 과학적인 원리를 적용한 딤플이 있습니다. 딤플은 볼의 커버에 파인 홈을 말합니다. 볼은 몇 겹으로 구성되어 있는지에 따라 2피스, 3피스, 4피스로 만들어져 있습니다.

Golf Ball

[골프 볼] 직경 1.68인치(42.67mm)보다 크고 무게는 1.62온스(45.93g)보다 가벼운 규격으로 만들어져 골프 경기에 사용되는 공. 프로들의 공식 경기에는 골프공 중에서 라지 사이즈를 사용한다.

출처: 골프용어집, ㈜골프존

▲2피스

▲3피스

▲4피스

골프는 어떻게 즐겨야 하나요?

◈골프는 남녀노소 누구나 즐길 수 있으며, 골프 규칙을 통한 예의와 매너를 익힐 수 있는 운동으로 다양한 기술 습득을 통한 창의력 및 집중력이 향상되는 종합적인 운동입니다. 모든 운동이 기본기가 중요하지만 골프는 기본기가 더욱 중요한 운동입니다. 개인 운동이긴 하지만 동반자와 함께 하는 운동이기에 자기의 무분별한 주장을 자제하고 상대방을 배려하는 자세로 자연과 함께 즐기는 운동이 되어야 합니다.

연습 수칙이나 라운드 시 주의사항이 있나요?

◈기본기를 익히는 연습을 할 때에는 일정한 안전거리를 확보하고 주변의 시설물과 안전에 조심해야 합니다. 연습장마다 연습 수칙이 정해져 있습니다. 그리고 라운드 시에도 주의사항이 있습니다. 특히, 클럽을 아무데서 함부로 휘둘려서는 안 됩니다.

Round

[라운드] 경기자가 각 홀을 한 바퀴 도는 것으로 18홀은 1라운드, 9홀은 하프라운드라고 함.

출처: 국어사전

▲연습 스윙은 주의를 하고

골프 볼은 그냥 치면 되나요. 스윙은 어떻게 하나요?

◈골프는 때리는 것보다 스윙을 알아야 합니다. 스윙을 하기 위해서는 먼저 몸이 회전하는 원리를 알아야 하며, 몸을 코일링하여 푸는 동작으로 체중 이동도 알아야 합니다.

① 먼저 양발에 50:50으로 골고루 힘을 분산하고 양팔을 X자로 포개고 어드레스 자세를 잡습니다. ② 시선은 발 앞 중앙 지점에 고정시키고, 서서히 상체를 오른쪽으로 돌리면서 오른발에 70%의 힘이 들어가도록 백스윙 합니다. ③ 다음 시선은 계속 중앙 지점을 바라보면서 왼발을 축으로 허리를 먼저 왼쪽으로 돌리면서 상체를 뒤따라 돌립니다. ④ 왼쪽으로 몸을 완전히 돌려 왼발에 90%의 힘이 들어가는 피니시 자세를 잡습니다.

Finish

[피니시] 골프에서 스윙을 끝낸 후의 동작, 자세.

출처: 체육학대사전, 민중서관

볼을 치기 위한 스윙의 원리를 알아볼까요.

◈골프 스윙을 이해하기에 앞서 볼이 비행하는 원리를 알아야 합니다. 먼저 손바닥을 하늘로 바라보면서 손 위의 공을 통통 튕기는 연습 방법입니다. 볼을 손바닥 위에서 통통 튕기듯이 위아래로 던져 봐야 합니다. 골프 스윙은 손바닥을 기준으로 하여 스윙되므로 손바닥과 볼이 수직으로 업-다운되는 연습에 집중해야 합니다.

Swing

[스윙] 골프에서 타구 할 때 클럽을 흔들어 올려서 볼을 칠 때까지의 클럽의 동작을 말한다.

출처: 체육학대사전, 민중서관

스윙을 위한 바구니에 볼을 넣는 연습이에요.

◈일정한 거리에 바구니를 놓고 손바닥으로 볼을 던지는 연습을 해야 합니다. 손목을 사용하지 않고 팔로 던져야 합니다.

[배팅] 공을 치는 행위, 또는 배트를 사용하는 능력.

출처: 체육학사전, 스포츠북스

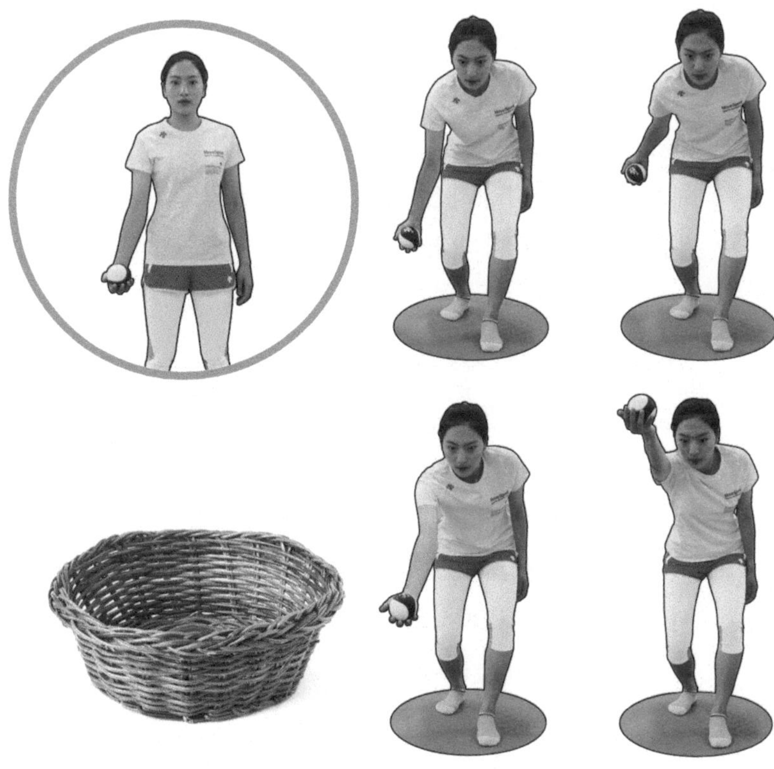

골프 잘 치는 신체 만들기

1 근육의 힘이 강화되어야 합니다.

골프는 근력이 있어야 합니다. 근골격계 강화가 필수적이며 힘을 발휘하게 하는 근육과 뼈 관절의 운동을 말합니다. 목, 어깨, 팔꿈치, 손목, 손가락, 허리, 다리 등 관절 부위로 평소 아령이나 고무 튜브를 이용하여 근육의 중심 근육을 키워야 합니다.

2 유연성을 키워야 합니다.

골프는 부드러워야 합니다. 근육을 늘리는 운동으로 동적 스트레칭(준비 운동)과 정적 스트레칭(정리 운동)을 합니다. 스트레칭은 근육을 부드럽게 신전시키고 신전시킨 근육에 의식을 집중시켜 자신의 유연성 정도에 맞도록 6초 이상 신전을 유지해야 합니다.

3 심혈관계가 강화되어야 합니다.

골프는 지구력이 필요한 운동입니다. 인체에 무리를 주지 않는 걷기는 운동 강도는 적지만 심장 기능 강화 및 심근육 발달을 촉진하고, 혈관의 탄성을 높여 우리 몸의 주요 기관에 혈액이 잘 공급되도록 도움을 줍니다. 1주일에 3~4회 시행하면서 1회에 30~60분 정도로 강도는 숨이 약간 찰 정도로 걷는 것이 좋습니다.

쉽게 아는 골프 공부

골프는 언제 누가 시작했나요.

◈로마 시저(BC 100~44)때 로마 병사들이 즐기던 '파가니카'라는 놀이가 초기 기원설이나 스코틀랜드의 양치는 목동들이 돌멩이를 던지고 놀던 것이 차츰 진화되어 골프가 되었다는 설이 일반적입니다. 우리나라에서는 조선 시대 무예 격구에서 파생된 '봉희'라는 놀이가 있습니다. 조선을 세운 태조 이성계는 골프 경기와 비슷한 말을 타고 하는 '격구' 경기의 뛰어난 실력을 지닌 당대 최고의 스포츠 스타였습니다.

▲파카니카

▲양치는 목동

▲봉희

▲격구

골프 어원은

◈스코틀랜드의 고어인 고프(Gouft; 치다)에서 파생되어 골프(Golf)로 전해져 오는 것이 통설이며, 스코틀랜드는 전 국토의 98%가 푸른 초원과 양떼들로 구성되어 있는 전원의 나라입니다. 그린과 그린 사이로 양떼들이 밟아 평평하게 된 넓은 길을 페어웨이(Fair way)라 불렀으며, 초원에서 산토끼들이 풀을 마구 깎아 먹어 평탄하게 되어 버린 잔디를 그린(Green)이라 했습니다. 이 그린이 바로 오늘날 퍼팅그린이고, 양떼의 길은 페어웨이가 됐습니다.

골프는 어디에 좋은가요?

◈골프는 심신 수련을 하면서 동적인 활동과 심적인 활동을 합니다. 몸과 마음을 동시에 만족시키는 스포츠이며 놀이입니다. 성장기 학생들에게 골프는 매너와 집중력을 높여줍니다.

⊙골프는 성장기 어린이의 신체와 체력을 균형 있게 발달시킵니다.

⊙다양한 기술을 배움으로써 창의력과 집중력이 향상됩니다.

⊙스스로 어떤 클럽을 사용할 것인가. 스윙의 각도와 힘을 어떻게 조절할 것인가. 어려운 상황에서 어떻게 탈출할 것인가를 결정해야 하기 때문에 사고 처리 능력이 높아지고, 위기관리 능력, 참을성 등 자아 통제 기능이 커집니다.

⊙골프 규칙을 통해 예의와 매너를 익히고 페어플레이 정신을 추구할 수 있습니다.

⊙친구들과 함께 즐기기 때문에 사교성과 친화력, 대인 관계가 활성화되어 파트너로부터 두터운 신망을 얻습니다.

⊙가족 단위, 이웃 단위로 소통과 동감의 사회를 만들 수 있습니다.

골프 게임을 위한 몸풀기를 해 볼까요.

◈빠른 스윙과 강력한 파워를 내는 골프 스윙에서 다치지 않기 위해서는 유연한 몸만들기입니다. 평소 몸풀기 스트레칭을 자주해야 효과적으로 일관된 스윙과 원하는 골프 기술을 체득할 수 있습니다. 목, 손목, 어깨, 상체, 옆구리, 몸통, 다리, 발목 스트레칭은 6초 이상 유지하며 절대 바운스를 하면 안 됩니다.

유연성 강화를 위한 스트레칭

▲ 목 운동

▲ 손목 운동

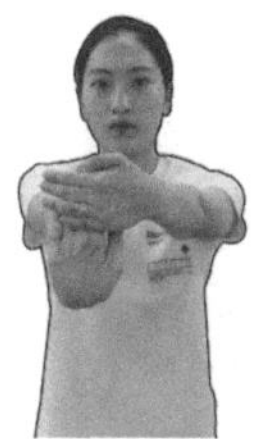

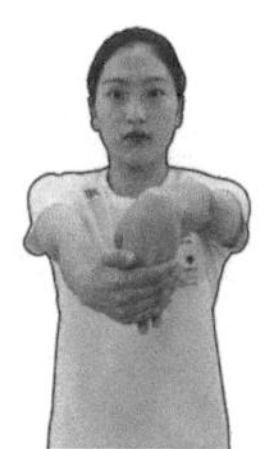

▲ 어깨 운동

▲ 옆구리 운동

▲ 상체 운동

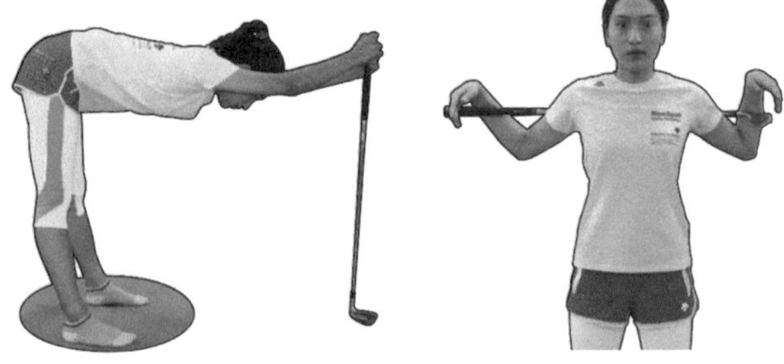

▲ 다리 운동

▲ 발목 운동

▲ 몸통 운동

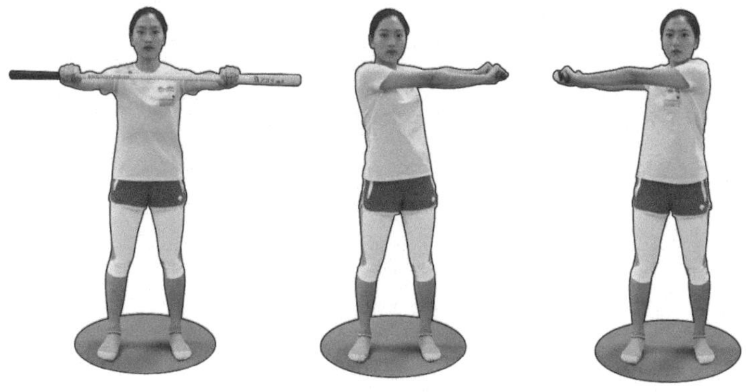

03 골프 놀이 알기

볼을 치기 위한 자세를 무엇이라 하나요?

◈골프는 클럽의 그립을 잡고 볼을 향해 준비 자세를 하면서 치고자 하는 목표로 정확하게 공을 날리기 위한 자세를 어드레스라고 합니다.

Address

[어드레스] 골프에서 공을 치기 전에 발 자세를 잡고 클럽을 땅에 댄 자세.

출처: 국어사전

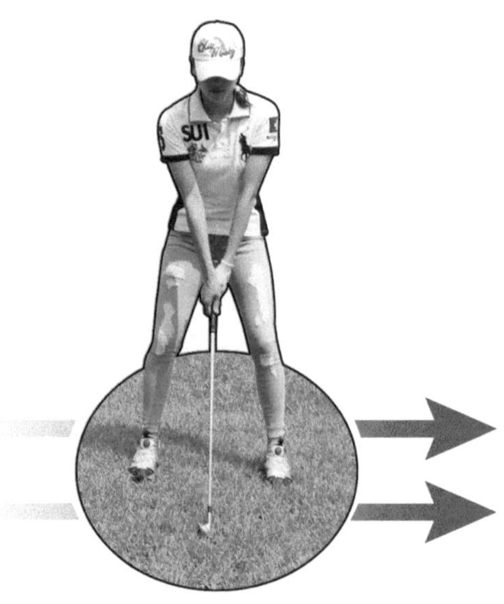

그립은 뭐예요?

◈골프 클럽 중에 양손으로 잡히는 부분을 그립이라고 합니다.

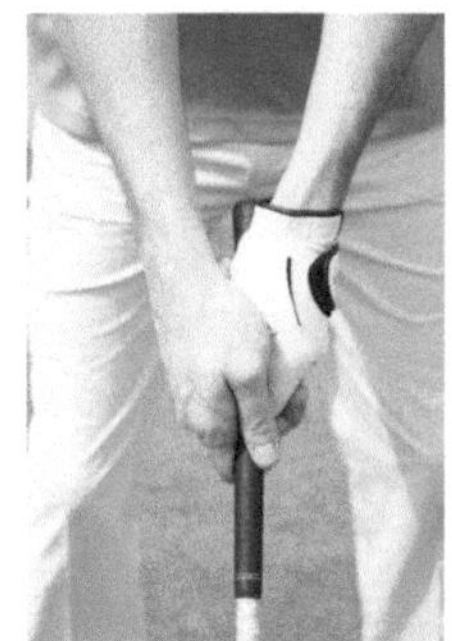

쉽게 연습할 수 있는 줄다리기 그립 잡기란

◈쉬운 그립 잡는 방법은 줄다리기 시합에서 로프를 잡듯이 두 손으로 잡으면 됩니다.

클럽에 따른 어드레스의 자세란

◈어드레스는 몸과 클럽 사이가 주먹 한 개 정도의 들어갈 수 있도록 자연스러운 자세로 겨냥(에이밍)하고 각도(얼라이먼트)를 유지해야 합니다. 어드레스는 신체적인 조건에 따라 약간 다르지만 보폭은 어깨의 폭을 기본으로 척추를 약간 숙이기도 합니다.

스윙에 필요한 몸동작

상체 회전 동작

❶양팔을 X자로 포갠 후 가슴에 대고 어드레스 자세를 취합니다.

❷발바닥을 지면에 고정한 채로 상체인 어깨만 좌우로 회전시킵니다.

❸상체꼬임에 필요한 동작입니다.

체중 이동 동작

❶양팔을 X자로 포갠 후 가슴에 대고 어드레스 자세를 취합니다.

❷백스윙은 하체를 고정한 후에 상체를 코일링합니다.

❸다운스윙은 체중 이동을 위해 하체가 리드하여 회전하면서 피니시 자세를 구축합니다.

❹유연성과 체중 이동을 병행할 수 있습니다.

스윙 시 일체감을 위한 요령

❶골프 스윙은 일순간 파워를 내는 운동으로 몸과 팔이 일체감을 가지고 스윙돼야 합니다.

❷연습법은 왼팔로 클럽의 헤드가 지면을 향하도록 버트를 잡습니다.

❸왼팔을 쭉 편 상태에서 오른손으로 골프공을 들고 왼팔 밑으로 던지는 방법으로 인투인(in-to-in) 스윙 패스로 연습합니다.

❹처음에는 오른손을 던지는 연습에서 숙달이 된 후 공으로 던지는 연습을 합니다. 이때 공은 반드시 똑바로 던져져야 합니다.

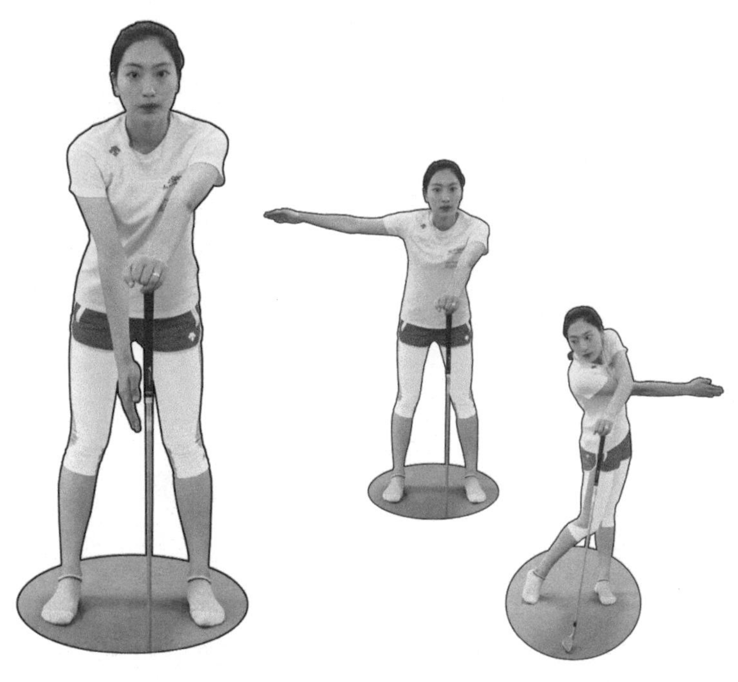

스윙의 기본 원리 알기

❶오른손에 볼을 잡고 언더핸드 투구 폼으로 목표 방향의 뒤쪽에서 앞쪽으로 볼을 던지면서 스윙의 원리를 기억합니다.

❷이어 아이언 클럽을 가지고 오른쪽 한손으로 휘둘러 봅니다.

❸다음에는 왼손으로, 그 다음에는 양손으로 스윙을 하여 봅니다.

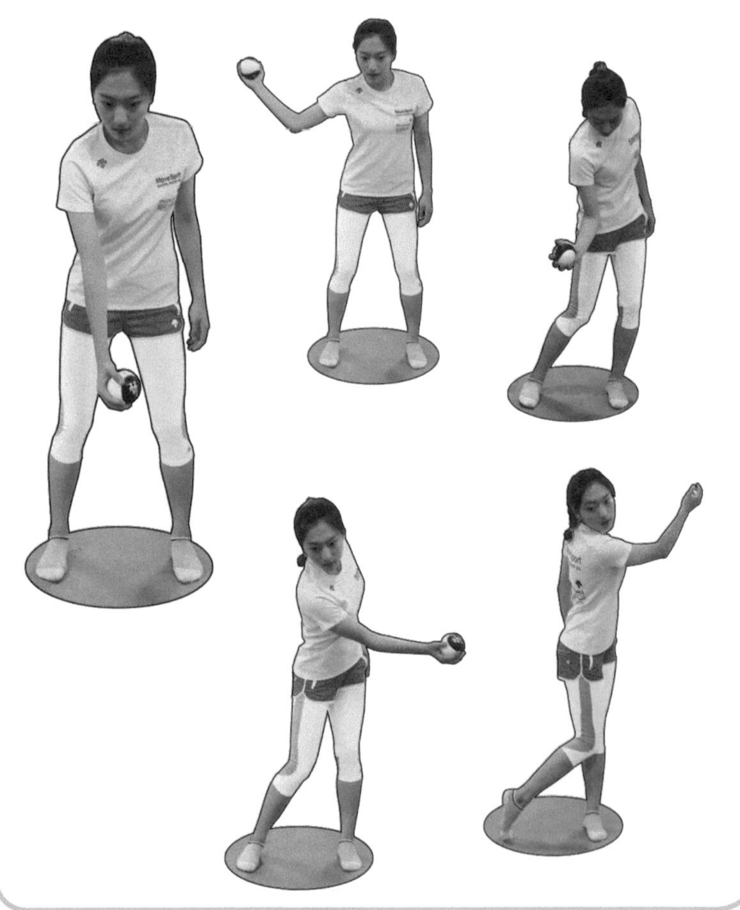

오른손 한 손 스윙

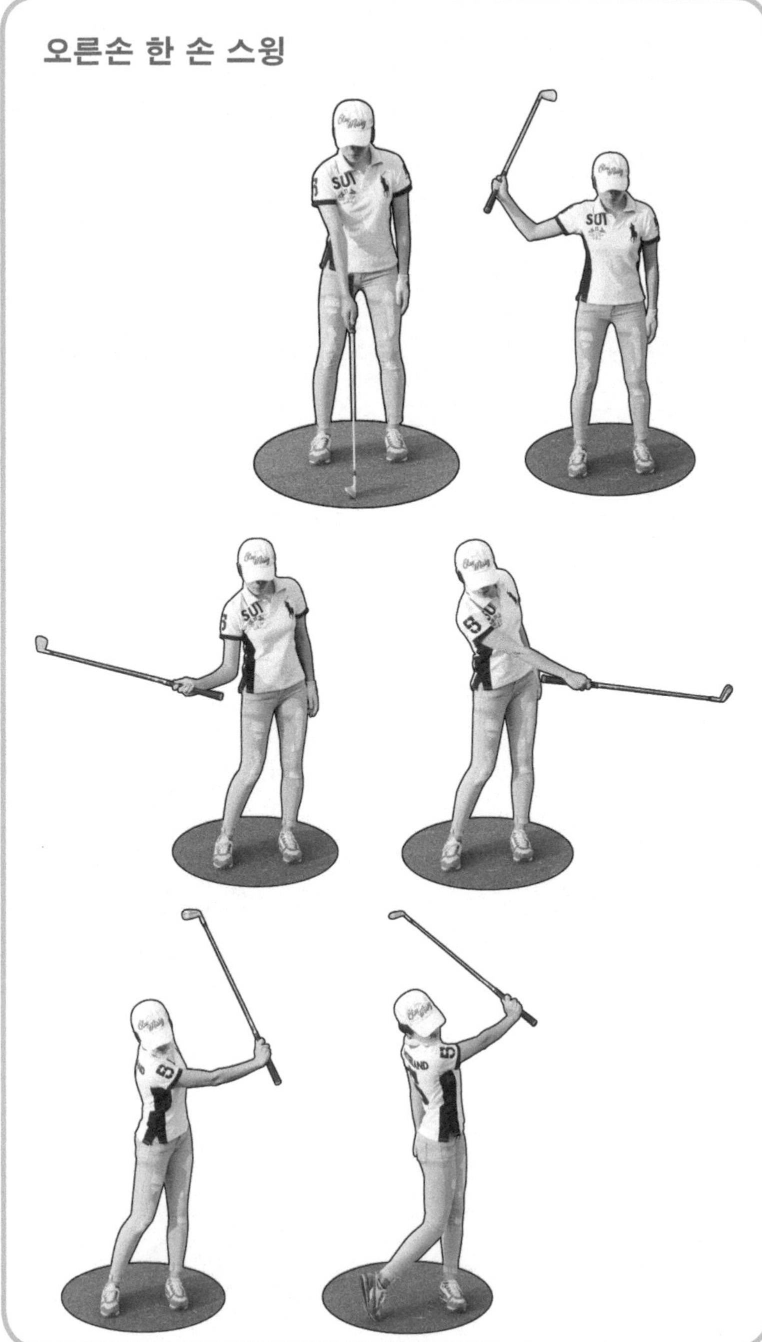

왼손 한 손 스윙

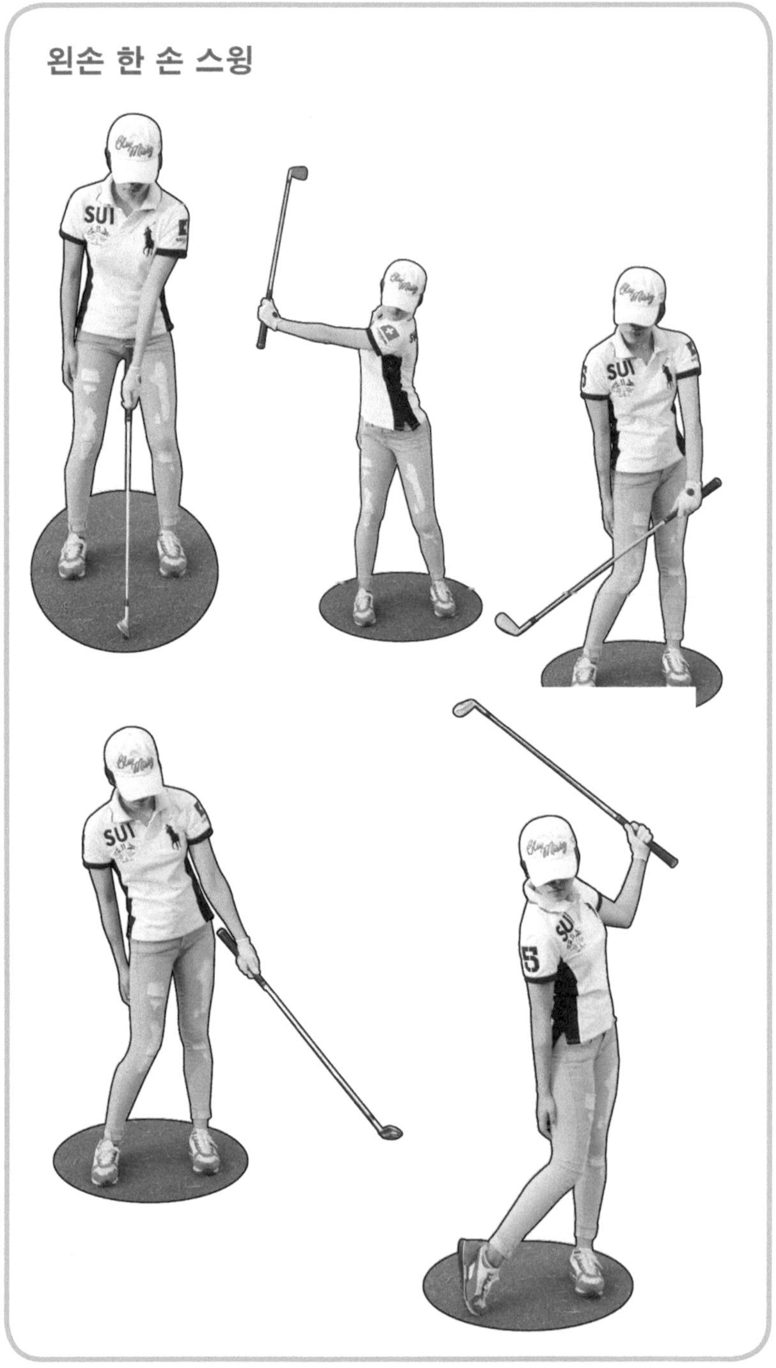

척추의 올바른 임팩트 길러 내기

❶임팩트는 골프 스윙 단계에서 가장 중요한 부분입니다. 정확한 임팩트를 위해서는 하체를 고정하고 상체로 타격하는 임팩트 연습법을 길러야 합니다.

❷백스윙에서 팔로우스루까지 척추의 스파이앵글이 그대로 유지되어야 합니다.

❸빨리 일어서는 골퍼들의 약점을 예방할 수 있습니다.

골프 규칙과 매너 골프

골프 스코어 용어

⊙보기(bogey) 어둠 속에서 못된 어린아이를 잡아간다는 도깨비 귀신. 기준 타수보다 1타수 많은 스코어를 홀인.

⊙파(par) 기준 타수, 평등, 동등하다, 탁월함.

⊙버디(birdie) 작은 새처럼 멋지게 날아간다. 진귀함, 진품의 속어.

⊙이글(eagle) 정확하고 빠른 새, 미국을 상징하는 독수리.

⊙앨버트로스(albatross) 환상의 새, 구만리를 날아간다는 전설 속의 거대한 새.

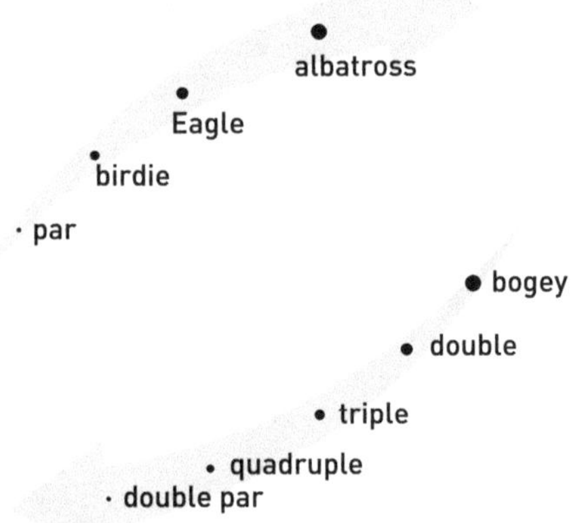

Hole in one

[홀인원] 골프에서 티샷을 한 공이 단번에 그대로 홀에 들어가는 일.

출처: 국어사전

시작 전에 꼭 알아야 할 골프 용어

⊙드롭(drop) 규칙에 의해 공을 주워서 이것을 다른 위치에 떨어트리는 것. 홀을 향해서 홀에 가깝지 않게 어깨높이에서 떨어뜨림.

⊙디벗(divot) 공을 쳤을 때 잔디나 흙이 클럽헤드에 닿아 패어진 곳.

⊙라이(lie) 낙하된 공의 위치가 좋아 치기 쉬운 상태.

⊙루스 임페디먼트(loose impediment) 코스 내에 있는 자연적인 장애물. 생장물이나 고정물이 아닌 돌, 나뭇잎, 나뭇가지 등으로 플레이할 때 제거해도 됨.

⊙스루 더 그린(through the green) 사용하고 있는 티(티잉)그라운드, 퍼팅그린 및 해저드를 제외한 코스 내의 모든 지역.

⊙아웃코스(out course) 18홀 중 전반, 1~9홀을 아웃.

⊙어프로치샷(approach shot) 그린 가까이서 하는 플레이.

⊙오비(out of bounds) 코스 주위에 말뚝을 박거나 목책 또는 울타리를 쳐 놓은 곳으로 플레이할 수 없는 구역을 말함.

⊙워터해저드(water hazard) 코스 내에 있는 호수, 연못, 습지, 강 따위의 물과 관계있는 장애물을 가리켜 부르는 말.

⊙입스(yips) 퍼트를 할 때 실패에 대한 두려움으로 몹시 불안해하는 증세. 호흡이 빨라지며 손에 가벼운 경련이 일어나는 것을 말한다.

⊙프로비저널 볼(provisional ball/잠정구) 경기 중 분실되거나 분실된 볼 대신에 치는 볼.

⊙캐디(caddie, caddy) 경기 중에 경기자의 채를 운반하거나 취급하며 규칙에 따라 경기자를 도와주는 사람.

⊙캐리(carry) 볼이 공중을 나는 거리.

⊙캐주얼워터(casual water) 코스 내에 우연히 생긴 일시적인 습

지. 워터해저드와는 구별됨.

⊙해저드(hazard) 벙커나 연못, 개울 등을 포함한 장애물.

논쟁이 많은 골프 규칙

◈정규 라운드에서 로컬룰에 따라 거리측정기 사용이 가능합니다.

◈공식 아마추어대회에서도 고반발 드라이버(반발계수 0.830) 사용을 금지합니다. [반발계수란 두 물체가 충돌할 때 튀어 나가는 정도를 나타낸 수치를 말합니다.]

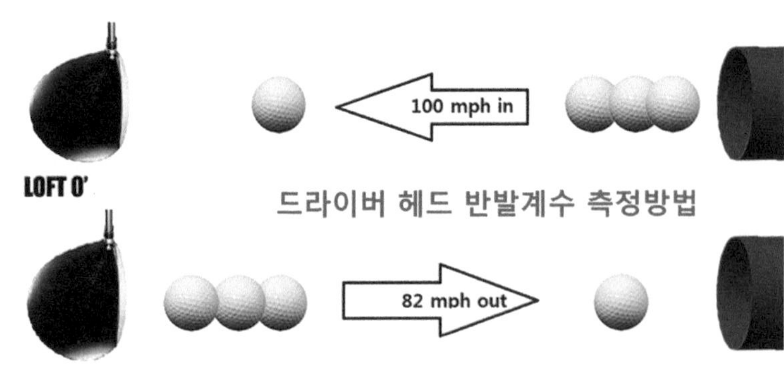

◈해저드(벙커, 워터해저드) 안에서도 볼을 확인할 수 있습니다.

◈플레이어에 부딪힌 공은 2벌타가 아닌 1벌타를 받게 됩니다.
(플레이어 자신이나 장비, 파트너의 캐디에 맞을 경우)

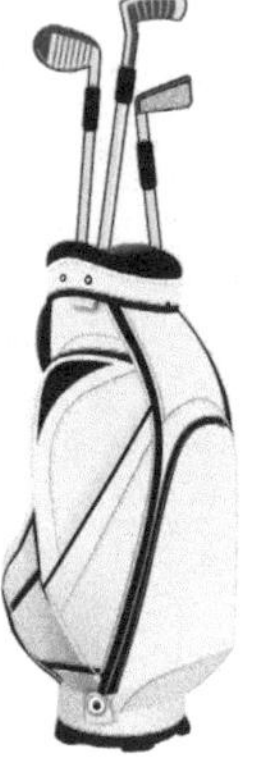

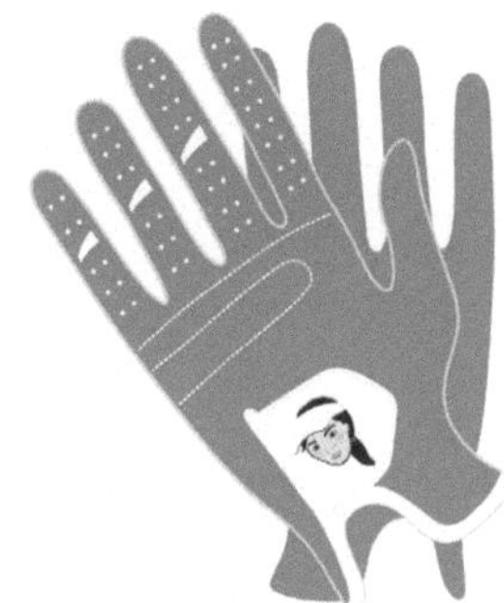

홀과 코스의 생김새

◈홀은 한 홀 한 홀 골프 경기를 하는 그라운드를 말하며 코스 생김새는 보통 땅콩처럼 생겼지만 모양이 모두 다릅니다. 골프 경기는 18홀(보통 파72)을 단위로 하는 플레이이며, 전 지역을 코스라고 부릅니다. 일반적으로 18홀의 홀은 파3홀, 파4홀, 파5홀로 구성되며 각 홀마다 크기가 다릅니다.

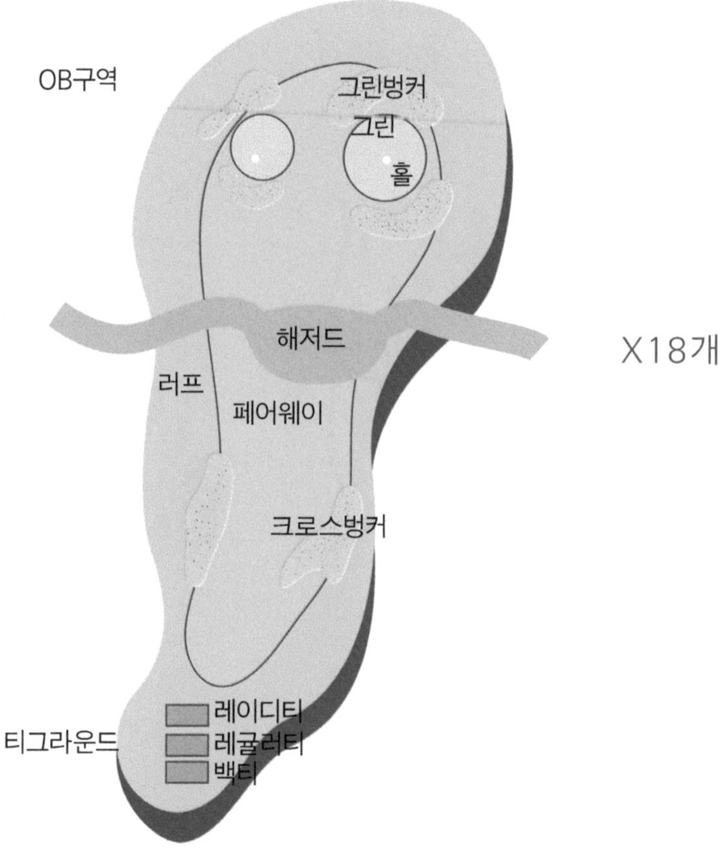

지켜야 할 에티켓

◈골프는 정신적인 운동과 신체적인 운동이 융합된 운동이지만 좋은 매너가 있고 나서야 좋은 골퍼가 있습니다. 골퍼는 매너가 제일입니다.

일반적인 에티켓

◈클럽에서 정한 복장 규정은 필히 준수해야 합니다.

경기 에티켓

◈골프는 스코어보다 에티켓이 먼저입니다.

골퍼로서 지켜야 할 기본 항목

⊙골프 게임은 4명이 하는 경기이므로 파트너십이 우선되어야 합니다. 동반자를 먼저 배려하는 자세로 불쾌감이나 이질감을 조장해서는 안 됩니다.

⊙지각하지 않아야 합니다.

⊙복장은 불쾌감을 주지 않도록 합니다.

⊙다른 사람이 티샷을 할 때는 조용히 해야 합니다.

⊙티샷한 사람이 다치고 내려올 때까지 티업을 해서는 안 됩니다.

⊙안전을 확인한 다음에 샷을 해야 합니다.

⊙진행하는 앞의 조 방향으로 볼을 치지 않아야 합니다.

⊙볼을 찾을 수 있는 시간은 짧습니다.

⊙경기 도중에 늦장 플레이를 해서는 안 됩니다.

⊙다음 팀이 빨리 도착했을 때는 패스 시킵니다.

⊙볼이 있는 곳으로 갈 때는 2~3개 클럽을 들고 갑니다.

⊙벙커에 들어갈 때는 낮은 쪽에서 들어갑니다.

⊙벙커에서 나올 때는 모래를 평평하게 고르고 나옵니다.

⊙연습 스윙 시 코스를 손상시키면 안 됩니다.

⊙디벗으로 파손된 잔디는 원상으로 메워놓습니다.

⊙그린이 손상되었으면 퍼터로 평평하게 고릅니다.

⊙그린에서 퍼팅거리나 경사도는 신속히 측정합니다.

⊙홀 아웃 후에는 그린에서 빨리 퇴장합니다.

⊙과음으로 불쾌감을 주어서는 안 됩니다.

⊙흡연은 지정된 장소에서 합니다.

매너 있는 골퍼 10가지

①자기만의 개성을 갖는 골퍼가 되어야 합니다.

라운드 중에는 포근하고 다정하면서, 재치와 유머로 같이 있으면 괜히 좋은, 재미있는 마음을 가진 골퍼를 원합니다.

②깔끔한 골퍼가 되어야 합니다.

머리 스타일과 입은 복장이 깨끗해야 합니다. 옷을 튀지도 않으면서 세련되고 심플해야 합니다.

③말을 잘 들어주는 골퍼가 되어야 합니다.

대화 속에 침묵이 있으면 휑합니다. 서로 이야기하는 대화가 끊이지 않는 골퍼가 되어야 합니다. 친근하면서도 박력 있고, 조용하면서도 대화의 꼬리를 잘 이어주는 골퍼가 돼야 합니다.

④잘난 척 하지 않아야 합니다.

잘난 체하고 자만에 허풍은 절대 금물입니다. 그것도 습관적인 자랑은 상대방에게 실망을 주고 신뢰를 잃게 됩니다.

⑤재미있는 골퍼가 되어야 합니다.

라운드 중에는 동반자들과 재미있게 하는 사람이 인기가 있습니다. 이성에게는 적당하게 이성적으로, 적당히 유머

있게 그리고 대화는 혼자하기보다는 동반자와 함께 하면서 몸짓 표정도 더불어서 하면 더욱 품격 있는 골퍼가 될 것입니다.

⑥지적인 골퍼가 되어야 합니다.

품격은 수준이 있는 사람과 함께하는 것입니다. 매사 성숙한 언행을 하는 파트너십을 가진 동행이어야 합니다. 성숙하고 비전 있는 골퍼가 우월한 골퍼입니다.

⑦저속한 언어를 사용하지 않아야 합니다.

너무 쉽게 말을 해서는 안 됩니다. 함부로 욕을 하는 날라리 골퍼가 되어서는 안 됩니다. 욕은 자신의 등급을 불량하게 낮춰지게 합니다.

⑧서두르지 않아야 합니다.

골프는 정숙한 운동인데 서두르는 사람 앞에서는 부담스럽습니다. 사람 앞에선 함부로 말이나 행동을 하게 되면 라운드에 집중이 되지를 않고 혼란만 가중됩니다. 설치는 사람하고는 다시 라운드하기를 꺼려합니다.

⑨계산은 각자하는 골퍼여야 합니다.

골프 게임은 더치페이입니다. 접대 골프에서도 다소 어색하겠지만 남의 돈도 아까운 자기부담금을 낼 수 있는 수준 높은 골퍼여야 합니다.

⑩밀고 당기기를 잘하는 골퍼여야 합니다.

골프는 파트너가 있어야 합니다. 혼자 하는 게임이 아니기에 상대방을 즐겁게 해줘야 합니다. 질리지도 않고 너무 쉽지도 않고 거리를 유지하면서 잘 조절해야 합니다. 승부도 이기고 지고 가끔씩 적당한 승부욕을 자극하는 골퍼를 동반자들은 다시 기다립니다.

노끈으로 배우는 골프 드릴

어드레스 드릴

◈노끈을 허리에 묶고 양손으로 Y자로 베이스 그립으로 오른손과 왼손은 10cm 정도 띄워서 잡습니다. 왼손을 중심으로 폅니다. 스탠스는 어깨 넓이 11자로 서면서 무릎은 완전히 뻗습니다. 자연스럽게 허리를 숙입니다. 뻗은 무릎은 허리의 절반 정도로 약간 구부립니다.

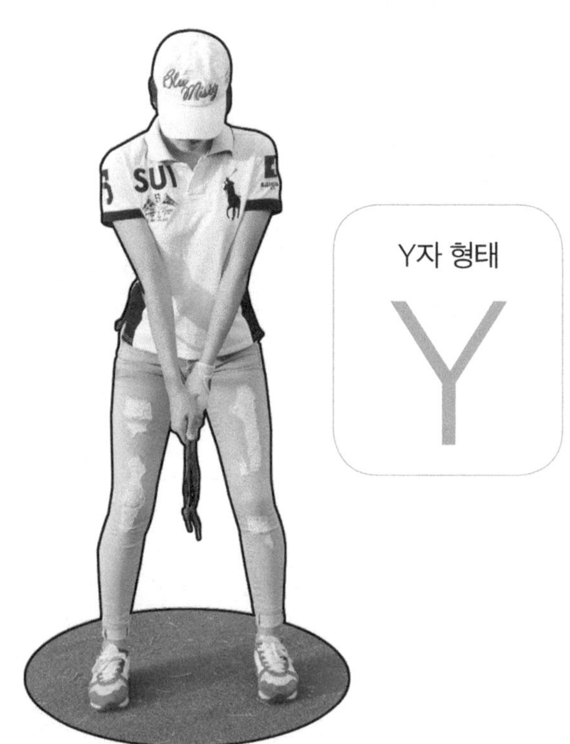

Y자 형태

Y

테이크어웨이와 1/4 백스윙 드릴

◈왼손은 펴고 오른손으로 잡아당기면서 왼손을 발끝의 선과 평행하게 맞추도록 테이크어웨이 합니다. 클럽 샤프트가 목표 라인선상(비구선)에 평행도록 이미지를 연상하면서 오른손을 잡아당겨 맞춥니다. 이때 왼팔은 펴져야 합니다.

손의 방향

L자 백스윙 드릴

◈왼손이 목표 라인선상(비구선)에 평행하게 오른손을 잡아당겨 맞춥니다. 이때 왼팔은 펴져야 합니다.

왼팔은 지면과 평행

탑 스윙 드릴

◈오른 손바닥이 하늘을 바라보면서 쟁반을 들고 있는 자세입니다. 오른팔이 L자를 만들면서 왼손을 잡아당기며 톱 자세로 올립니다. 왼팔은 펴져 있어야 합니다.

오른팔 L자

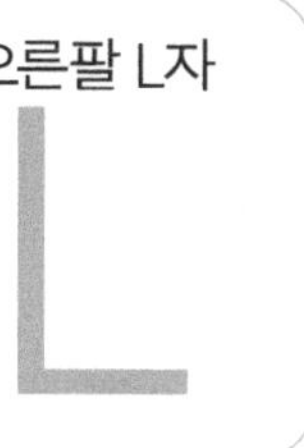

다운스윙 드릴

◈오른 팔꿈치가 지면을 향하면서 오른쪽 어깨를 떨치면서 골반을 타깃 쪽으로 회전시킵니다. 이때 오른쪽 어깨는 회전시켜서는 안 됩니다. 왼손으로 리드하면서 왼손 새끼손가락 밑면이 비구선과 평행하도록 왼손을 목표 방향으로 다운스윙합니다.

왼팔 코킹 유지

임팩트 드릴

◈골반을 타깃 방향으로 돌리면서 양팔을 X형태로 임팩트합니다. 오른 손바닥은 목표 방향을 향하고 있어야 하며 머리는 타깃 반대 방향으로 향하고 있어야 합니다.

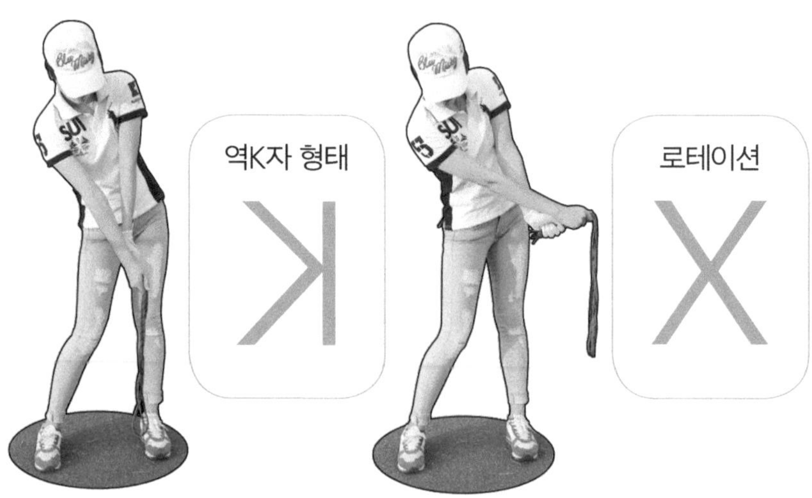

팔로우스루 드릴

◈오른팔이 지면에 평행할 정도로 X형태를 유지하는 로테이션 드릴입니다. 오른손이 리드를 합니다.

피니시 드릴

◈오른손이 리드한 팔로우스루에서 왼손이 리드를 하는 드릴입니다. 왼손을 최대한 잡아당기면서 L자를 만듭니다. 피니시를 유지하며 1초 정도 정지합니다.

왼팔 역L자 유지

L

힘쓰는 방법 알기

몸의 꼬임은 어떻게 하나요?

◈피벗(pivot)은 회전하는 물체의 균형을 잡아 주는 중심축으로 골프에서는 몸의 움직임을 말합니다. 기본은 발이 고정된 상태에서 어깨는 최대한 회전하는 것입니다. 이는 몸이 꼬이면서 힘이 축적되는 코일링(coiling) 효과를 가져다줍니다.

손목의 코킹은 어떻게 하나요?

◈손목이 엄지손가락 쪽으로 꺾이는 것을 코킹(cocking), 반대로 코킹이 되지 않는 것을 언-코킹(un-cocking)이라 한다.

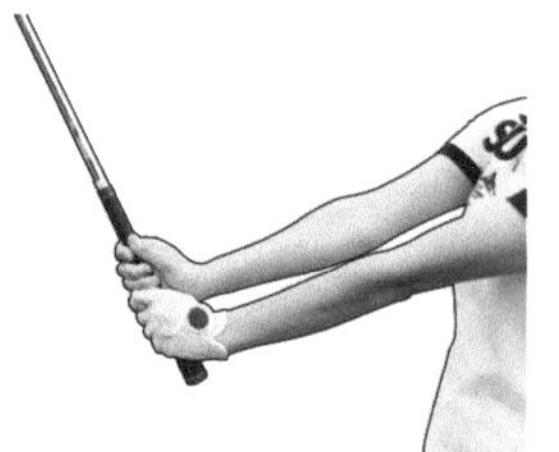

왜글이란

◈ 왜글(waggle)은 근육의 긴장을 풀고 스윙을 부드럽게 하기 위한 예비 동작입니다. 스윙을 더 한층 원활하게 하기 위하여 스윙을 하기 전에 손목을 풀어주는 동작으로 좌우, 상하로 릴렉스하게 돌려줍니다. 왜글은 여유 있고 부드럽게 양팔과 손만 움직여야 합니다.

▲위 아래로 하는 왜글

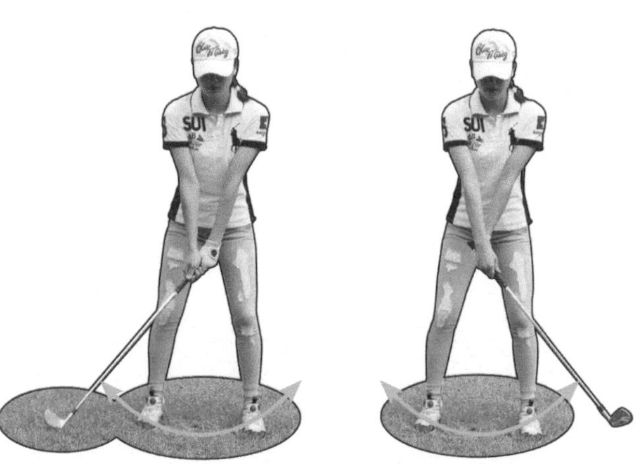

▲좌우로 하는 왜글

오른손 스윙과 왼손 스윙의 실체

◈몸의 균형을 위한 밸런스 훈련입니다.

**왼손 스윙 시 왼손은 컨트롤을 맡고,
오른손이 스피드**

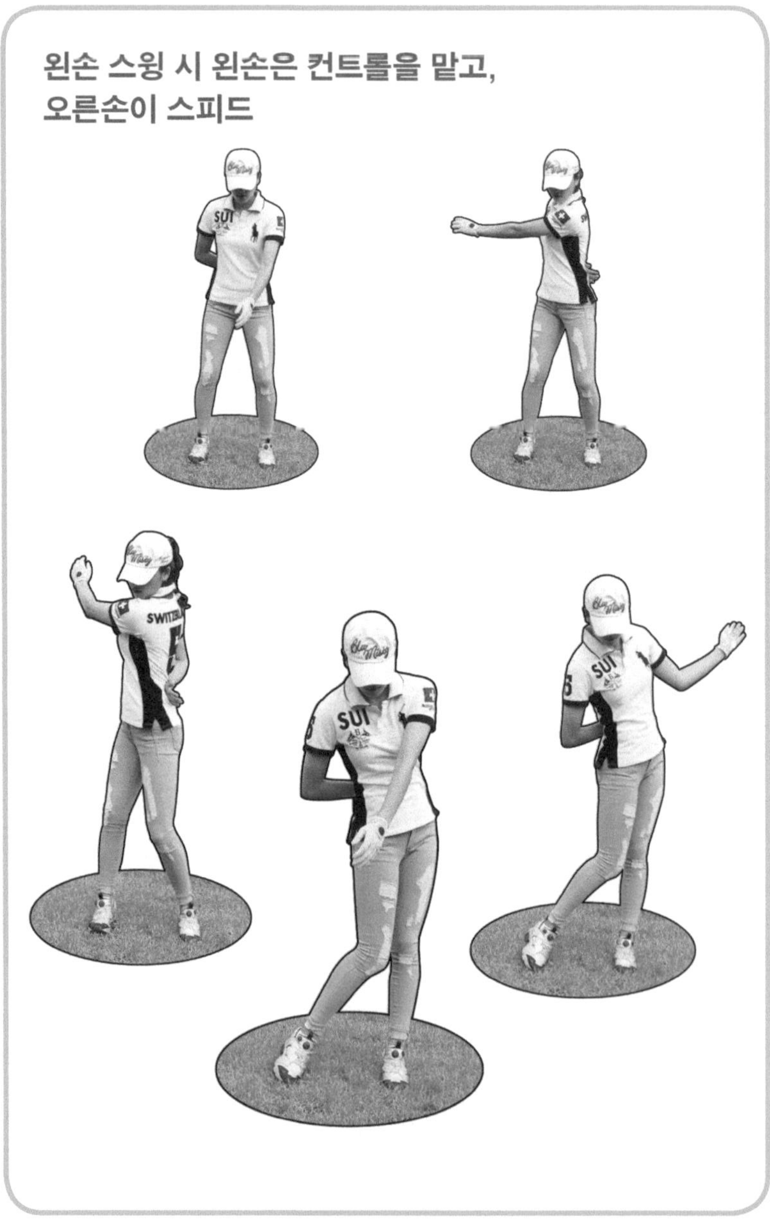

오른손 스윙 시 왼팔은 가이드, 오른팔은 파워

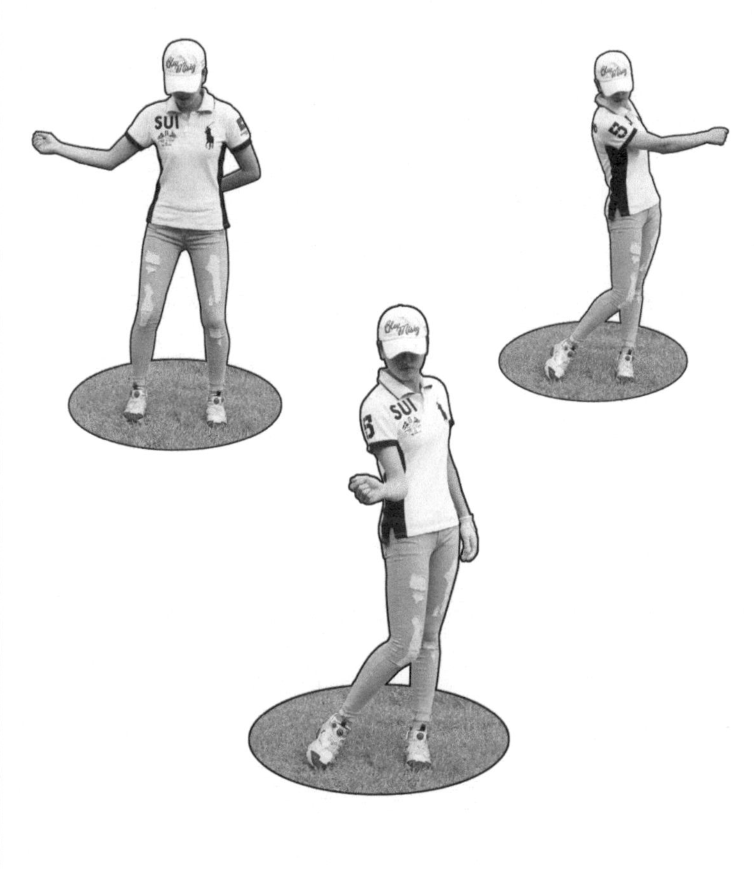

근력 운동을 위한 하체 단련 훈련

◈드라이버 파워 증대를 위한 훈련입니다.

스쿼트 훈련

하반신 운동의 왕도라고도 불리는 기본 중에 기본 운동입니다. ①다리를 어깨 넓이로 벌리고 릴렉스하게 섭니다. ②천천히 무릎을 굽혀 허벅지가 지면에 평행이 될 때까지 앉습니다. 이때 허리는 꼿꼿이 세우고 무릎은 발끝을 넘지 않도록 주의합니다. 체력에 따라 15회 정도 실행합니다.

안정성 골프 트레이닝을 위한 런지운동

①두 손을 위로 뻗으면서 기립 자세로 허리를 폅니다. ②이어 허리를 곧게 세우면서 오른발은 앞에, 왼발은 뒤쪽으로 뻗어주고 그 상태에서 오른쪽과 왼쪽 다리 모양이 90도 각도가 되도록 앉습니다. ③뒤쪽에 있던 발(왼쪽)을 들어 다시 똑바로 선 자세로 만든 후, 양팔을 벌리면서 무릎의 각도가 90도가 되도록 유지합니다. 왼쪽과 오른쪽 발을 바꾸어 가며 5회씩 반복합니다.

근력 운동을 위한 상체 단련 훈련

◈클럽헤드의 컨트롤을 향상시키는 훈련입니다.

의자를 이용한 팔운동

①양손은 어깨 넓이로 벌리고, 척추는 바닥과 수직이 되도록 허리를 펴줍니다. ②팔꿈치는 옆구리를 살짝 스치면서 그림과 같이 90도로 굽혀줍니다. 손가락이 아닌 손바닥으로 밀어 올린다는 느낌으로 상체를 들어 올립니다. 체력에 따라 30회 정도 실행합니다.

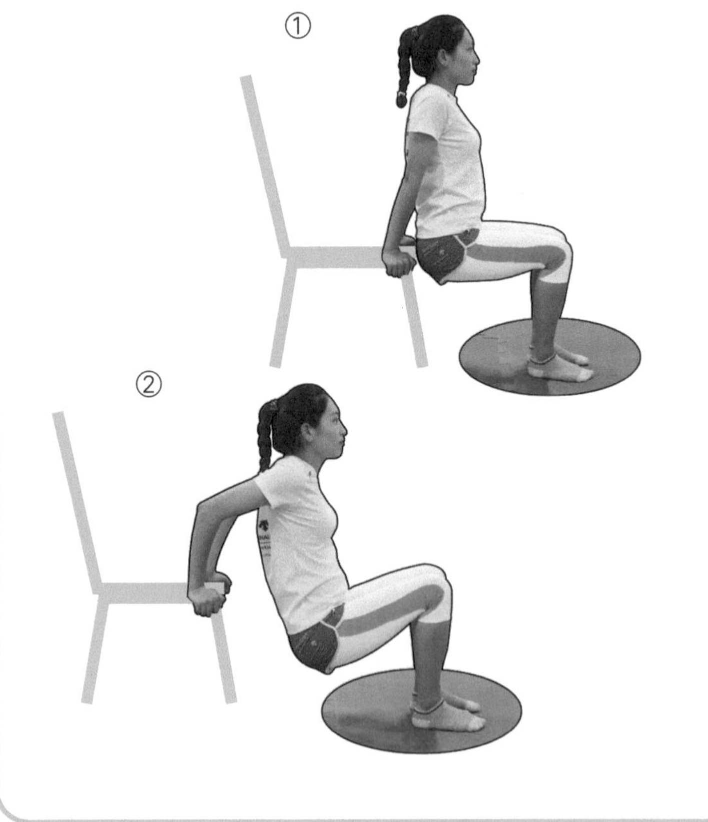

근력 운동을 위해 알아야 할 기초 용어

자세에 따라

- 스탠딩(standing): 서서 운동하는 자세 / 선다
- 시팅(sitting): 앉아서 운동하는 자세 / 앉다
- 라잉(lying): 누워서 운동하는 자세 / 눕다
- 슈파인(supine): 등을 대고 누워서 운동하는 자세 / 반듯이 눕다
- 사이드 라잉(side lying): 옆으로 누워서 운동하는 자세 / 옆으로 눕다
- 벤트(bent): 상체를 엎드려서 운동하는 자세 / 구부리다

동작에 따라

- 스쾃(squat): 구부려서 운동하는 동작 / 쪼그리고 앉다
- 프레스(press): 일어서 올리는 동작 / 밀다
- 풀(pull): 잡아당기는 동작 / 당긴다
- 레이즈(raise): 들어 올리는 동작 / 들어 올리다
- 싯업(sit-up): 상체를 일으켜서 운동하는 동작 / 윗몸 일으키기
- 익스텐션(extension): 팔꿈치나 무릎을 펴주면서 운동하는 동작 / 편다
- 런지(lunge): 다리 한 쪽을 내밀며 앉는 동작 / 찌르기
- 로우(row): 노를 젓는 것처럼 팔꿈치를 등 뒤로 당기는 동작 / 젓다
- 슈러그(shrun): 비틀어서 운동하는 동작 / 으쓱거리다
- 컬(curl): 팔꿈치와 무릎을 접어서 들어 올리는 동작 / 구부려 올린다
- 킥(kick): 위로 올리는 동작 / 찬다
- 트위스트(twist): 비틀어서 운동하는 동작 / 비틀다

07 볼을 올바르게 때리기

스윙의 목적

◈볼을 올바르게 때리는 것입니다. 스윙(swing)은 골프 클럽 헤드를 오른쪽으로 들어 올려 우에서 좌로 휘두르는 것입니다. 골프 스윙은 백스윙에서 오른팔의 모양은 무엇인가를 던질 때의 모습이 이상적인 스윙입니다. 이렇게 무엇인가를 던질 때처럼 그리고 던지는 동작에만 집중을 해야 하는 것처럼 골프 스윙은 단순할수록 좋습니다. 스윙의 최대 목적은 작은 움직임으로 멀리 정확하게 치기 위함입니다.

스윙의 궤도란

◈골프 클럽이 지나가는 경로이며 스윙 면이라고도 합니다.

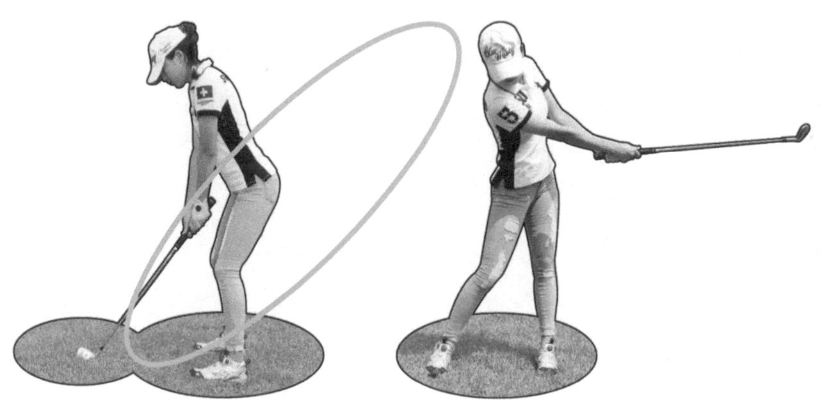

스윙의 과정

◈스윙은 어드레스, 백스윙, 톱, 다운스윙, 임팩트, 팔로우스루, 피니시 등을 단계적으로 하는데, 순서대로 해야 바른 스윙이 됩니다.

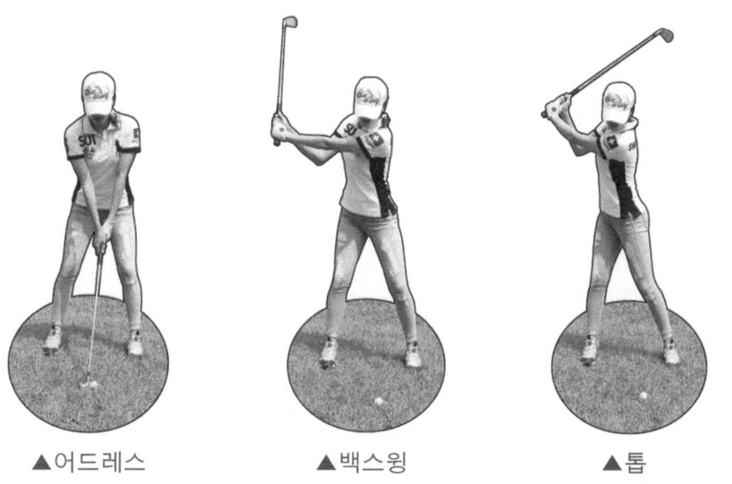

▲어드레스 ▲백스윙 ▲톱

▲다운스윙

▲임팩트

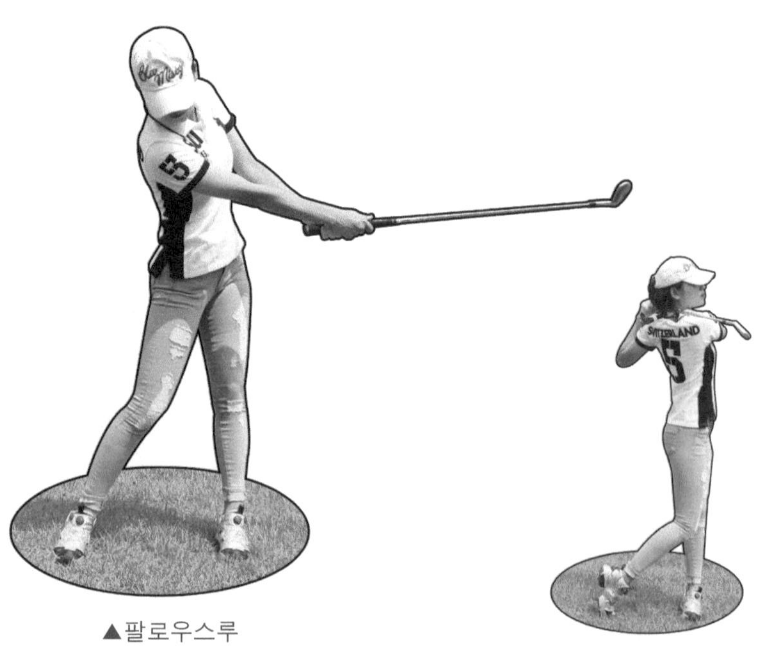

▲팔로우스루

▲피니시

도구를 이용한 연습

◈부채를 이용하거나 고무 배트를 이용하여 스윙의 원리를 체득합니다.

연습 도구

부채를 이용한 스윙

고무 배트를 이용한 스윙

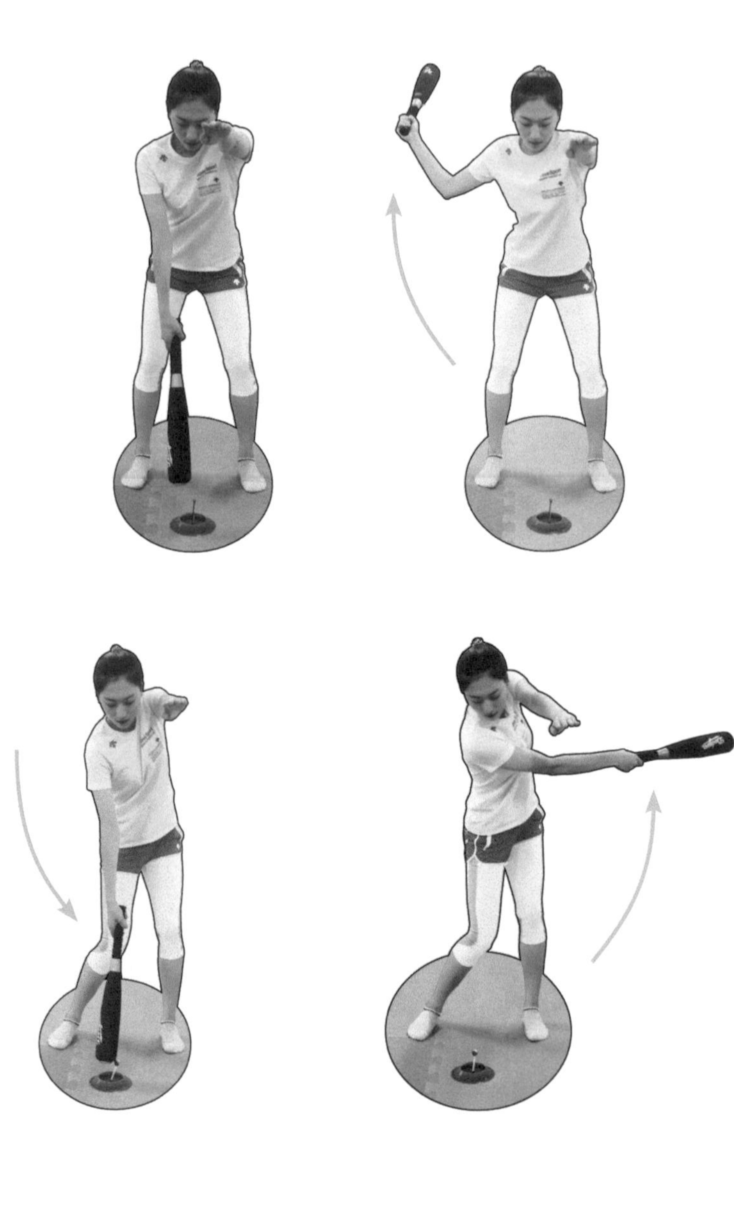

볼을 올바르게 때리는 스윙의 연습 방법

◈드라이버로 번트(bunt) 샷(shot)을 하는 연습 방법으로 돌리고 뻗습니다. 드라이버 번트를 통해 팔뚝을 돌리는 것과 제대로 뻗은 상태를 유지하는 방법을 배울 수 있습니다. 하프 스윙으로 클럽헤드를 직각으로 만드는 방법입니다.

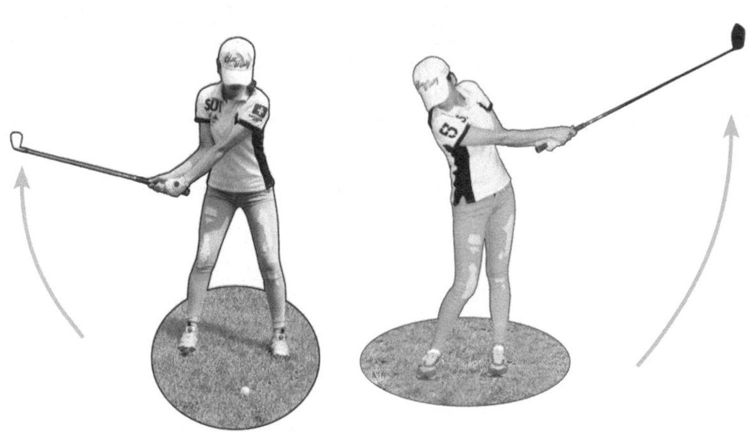

스윙의 차이

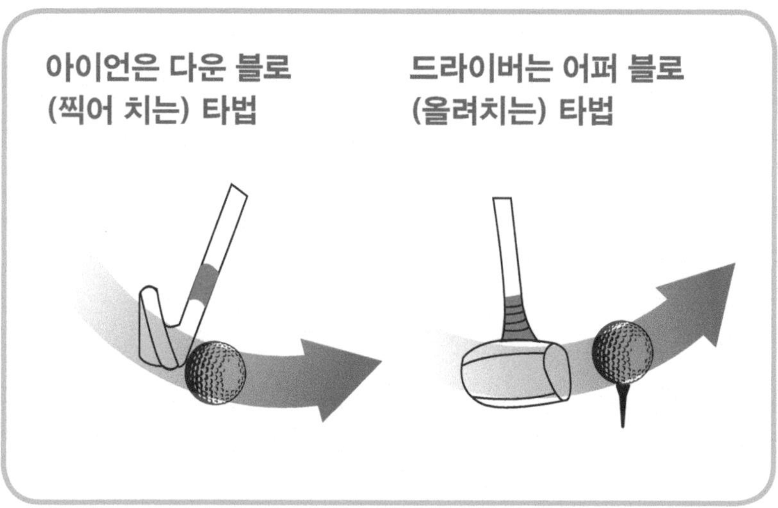

Down blow

[다운 블로] 클럽 헤드가 스윙의 최하점에 도달하기 전에 볼에 맞도록 클럽을 쳐 내리는 것.

출처: 체육학대사전, 민중서관

Upper blow

[어퍼 블로] 타구할 때 클럽 헤드가 스윙 궤도의 최하점을 지나 올라가면서 볼에 닿도록 하는 타법.

출처: 체육학대사전, 민중서관

Uplight swing

[업라이트 스윙] 클럽을 휘두르는 하나의 방법으로 보기에 볼이 우아하고 아름답게 날아가면서 방향이 플랫 스윙보다 정확하다. 플랫 스윙에 상대되는 말이다.

출처: 체육학대사전, 민중서관

Flat swing

[플랫 스윙] 스윙할 때의 클럽헤드가 그리는 궤도를 면으로 생각할 경우, 그 면과 지면이 이루는 각도가 작은, 즉 평면에 보다 가까운 스윙. 백스윙에서 클럽헤드를 낮게 빼고, 다운스윙은 사이드 블로(side blow)가 된다.

출처: 체육학대사전, 민중서관

뚝바로 날아가기

골프 스윙의 기본 원리

◈스윙은 외형적으로도 감각적으로도 시계추와 같이 진자 운동을 하는 것처럼 보이고 느껴져야 합니다. 손과 팔이 아니라 몸통을 회전하여 앞뒤로 클럽의 움직임을 컨트롤합니다. 스윙을 할 때 왼팔을 옆구리에 붙인다는 느낌을 가지는 것이 좋습니다. 그리고 클럽헤드가 하강 곡선을 그리는 동안 볼을 치도록 집중합니다.

오른팔은 지면과 평행

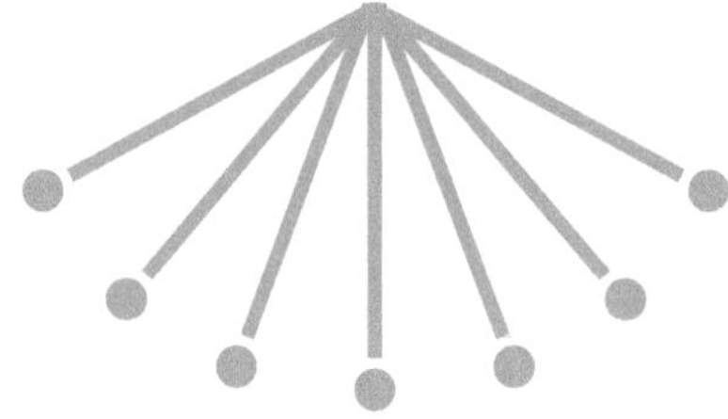

올바른 스윙 타법

◈스로우(throw) 스윙(swing)은 볼을 치기 위해 휘두르는 동작을 말합니다. 양손은 클럽과 몸을 이어 주는 도구로서 클럽을 휘두른다는 것은 팔을 휘두르는 것입니다.

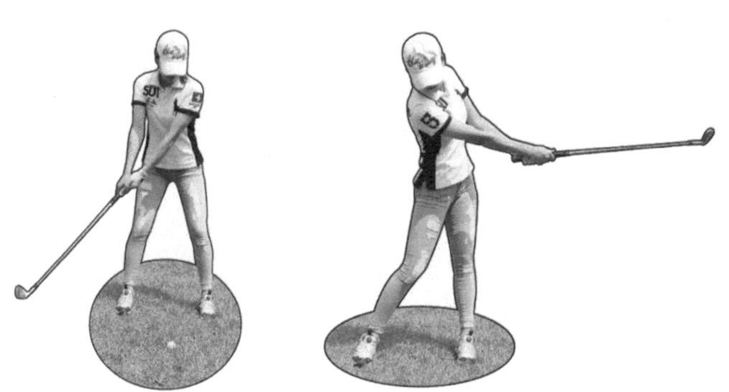

어드레스

◈과거 스윙은 현재 스윙보다 스탠스는 좁게 하고 오픈했습니다. 그러나 넓은 스탠스로 안정된 다리를 지탱하고 근력이 있는 하체는 견고한 스윙을 할 수 있습니다.

▲과거 스윙

▲현재 스윙

백스윙 톱 자세

◈과거 스윙은 오른쪽 다리가 펴지고 백스윙 톱이 높게 형성됩니다. 무릎을 많이 움직입니다. 현재 스윙은 오른쪽 다리가 펴지지 않고 왼쪽 다리는 저항을 만들어 히프(엉덩이)의 회전을 최소화시킵니다.

▲과거 스윙

▲현재 스윙

임팩트

◈과거 스윙은 백스윙을 영향을 많이 받아 왼쪽 히프와 다리가 왼쪽으로 미끄러지듯 이동됩니다. 현재 스윙은 히프가 회전할 때에 왼쪽으로 체중 이동이 먼저 이루어지며 왼쪽 히프는 매우 견고하게 버티고 있습니다.

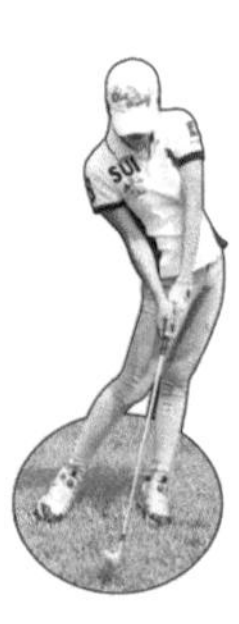

▲과거 스윙

▲현재 스윙

피니시

◈과거 스윙은 히프가 옆쪽으로 이동하면서 C자 형태로 휘어지며 등과 척추에 무리가 갑니다. 현재 스윙의 피니시 동작은 일자를 유지하여 자연스러운 자세를 취하고 있습니다.

▲과거 스윙 ▲현재 스윙

09 어떤 샷도 무섭지 않다

간결한 스윙의 메커니즘

◈상체의 꼬임입니다. 현대 골프는 스윙이 짧아지는 반면에 어깨를 감고 푸는 코일링에 주안점을 두면서, 빠른 스피드를 바탕으로 비거리를 향상시킵니다.

⊙손과 팔에서 어깨로 코일링합니다.

어깨 회전 연습 방법

◈어드레스를 취합니다. 오른손은 편안히 내리거나 뒤짐을 쥐고 왼손 한손을 앞으로 내밉니다.

⊙왼쪽 어깨가 오른쪽 무릎까지 꼬여지도록 코일링합니다.

오른손을 펴기 위한 바디턴 연습 방법

◈두 손을 겹쳐 오른 손바닥이 정면을 바라보게 백스윙합니다. 두 손이 정면으로 X자 형태로 뻗는 임팩트입니다. 반대로 왼 손바닥이 정면을 바라보게 팔로우스루 합니다.

⊙백스윙과 팔로우스루에 접혀지는 팔목이 직각 이상으로 구부러져서는 안 되는 점을 조심해야 합니다.

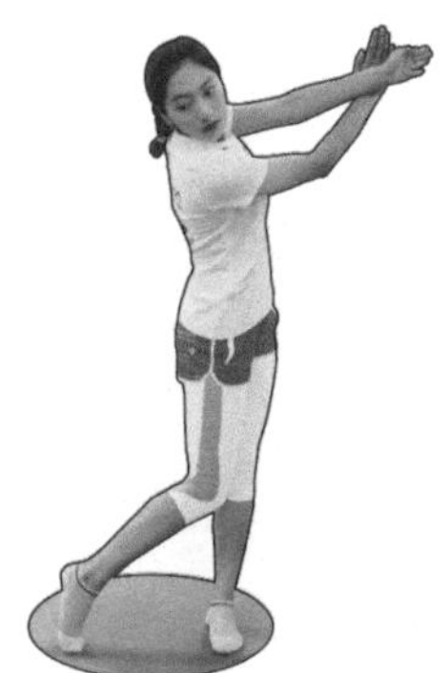

어느 정도의 하프스윙을 해야 하나요?

◈하프스윙(half swing)은 스윙의 절반만 하는 스윙을 말합니다. 하프스윙은 클럽의 제 거리가 나지 않지만, 백스윙과 팔로우스루에 있어 기초가 되는 동작입니다. 하프스윙은 쿼터 스윙으로 경사지의 샷이나 러프에 빠졌을 때 유용하게 쓰이는 샷입니다. 하프스윙을 배우고 스윙의 궤도를 이해한다면, 풀스윙(full swing)에 더 쉽게 다가갈 수 있습니다.

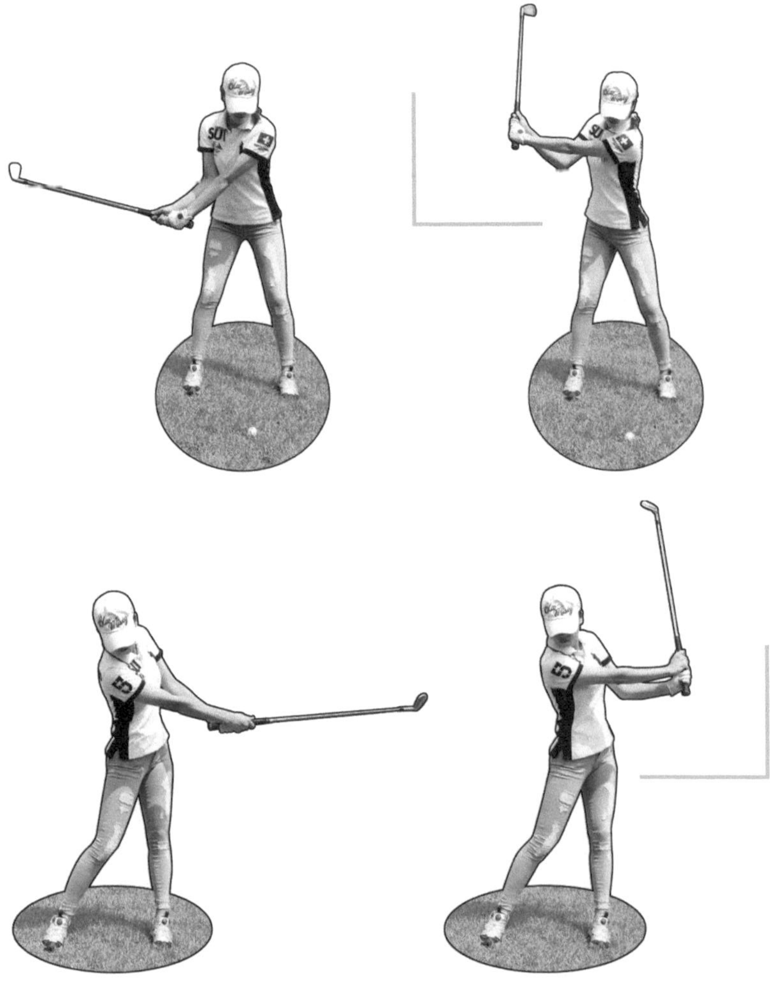

Quarter swing

[쿼터 스윙] 백스윙을 풀스윙의 4분의 1 정도로 억제하는 스윙. 톱 오브 스윙의 그립 위치는 허벅지 중간 정도의 높이에 멈추고 손목은 자연스럽게 굽히는 정도로 콕하며 의식적으로 콕하지는 않는다. 그린 가까이에서 홀을 직접 겨냥할 때 쓰인다. 쿼터 샷이라고도 한다.

출처: 체육학대사전, 민중서관

스윙의 스탠스 잡기

◈스윙하는 동안 균형을 잘 잡기 위해서는 어깨 넓이 정도로 스탠스를 해서 안정감을 확보해야 합니다.

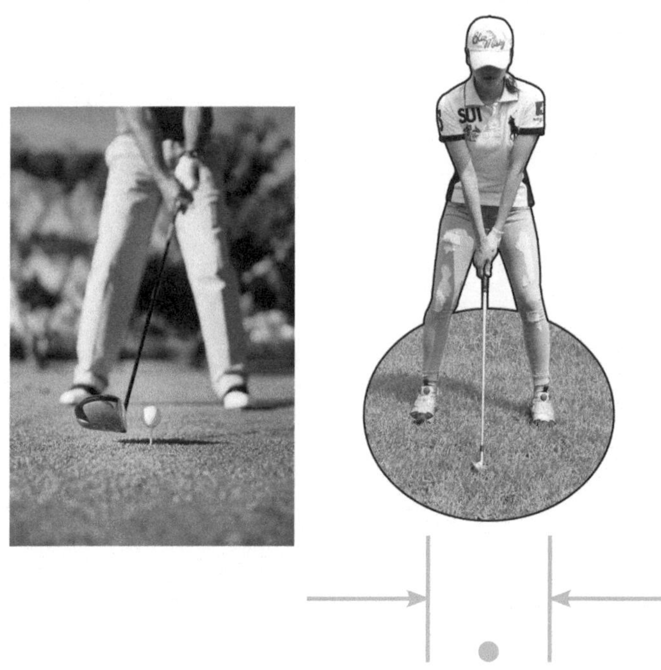

탄탄한 어드레스

◈어드레스에서 샤프트를 허리까지 들어 올리는 구간을 테이크어웨이(take away)라고 합니다. 올바른 자세를 확인하기 위해서는 먼저 양발 앞쪽에 클럽을 가로로 놓고 들어 올린 클럽과 평행이 되는지를 확인합니다. 뒤에서 봤을 때 클럽헤드가 손과 같은 위치에 있어야 합니다. 만약 클럽헤드가 몸 쪽으로 당겨지거나 반대 방향으로 나갔다면 스윙 궤도가 틀어진 것입니다.

⊙테이크어웨이 구간은 코킹이 이루어지기 바로 전까지의 동작이므로, 손목을 쓰지 않아야 정확한 궤도를 이끌어낼 수 있습니다.

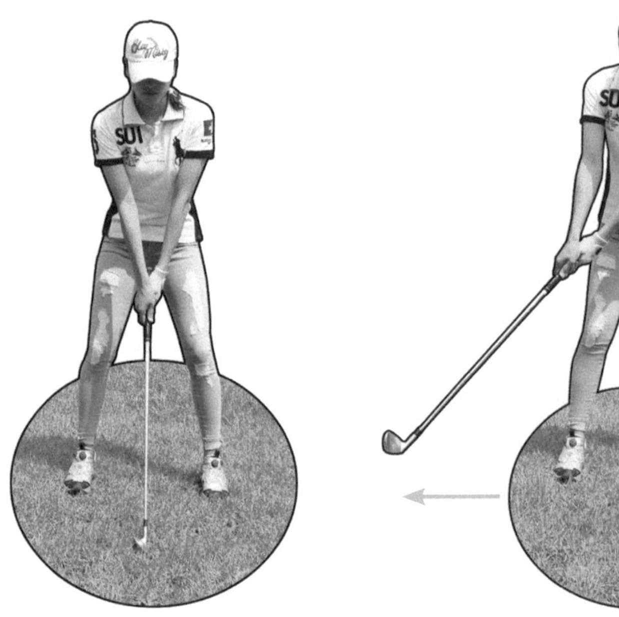

흔들이지 않는 백스윙

◈하프스윙의 백스윙은 왼팔과 클럽의 각도, 팔로우스루는 오른팔과 클럽의 각도가 각각 90도가 되어야 합니다.

⊙백스윙은 팔로우스루와 대칭되는 느낌이 되어야 합니다.

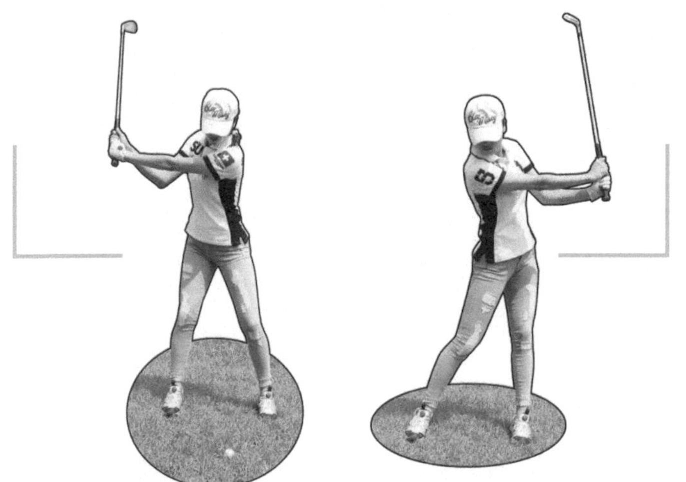

견고한 임팩트

◈임팩트는 어드레스와 유사한 모습입니다. 임팩트 때는 어드레스 때의 자세를 최대한 재현하는 것이 좋습니다.

⊙시선은 볼이 놓여있는 원위치에 고정되고 있어야 합니다.

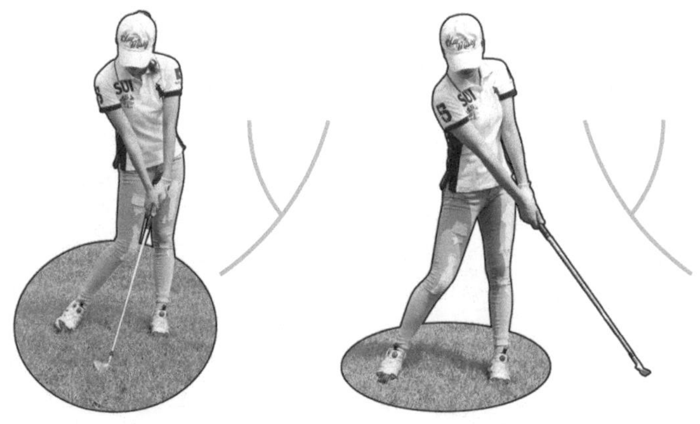

자연스런 풀스윙

◈ 몸의 가동 범위를 최대한 활용하여 클럽을 스윙합니다. 스윙에서 전체적으로 리듬과 템포를 가지고 밸런스를 유지하면서 스윙이 되어야 합니다.

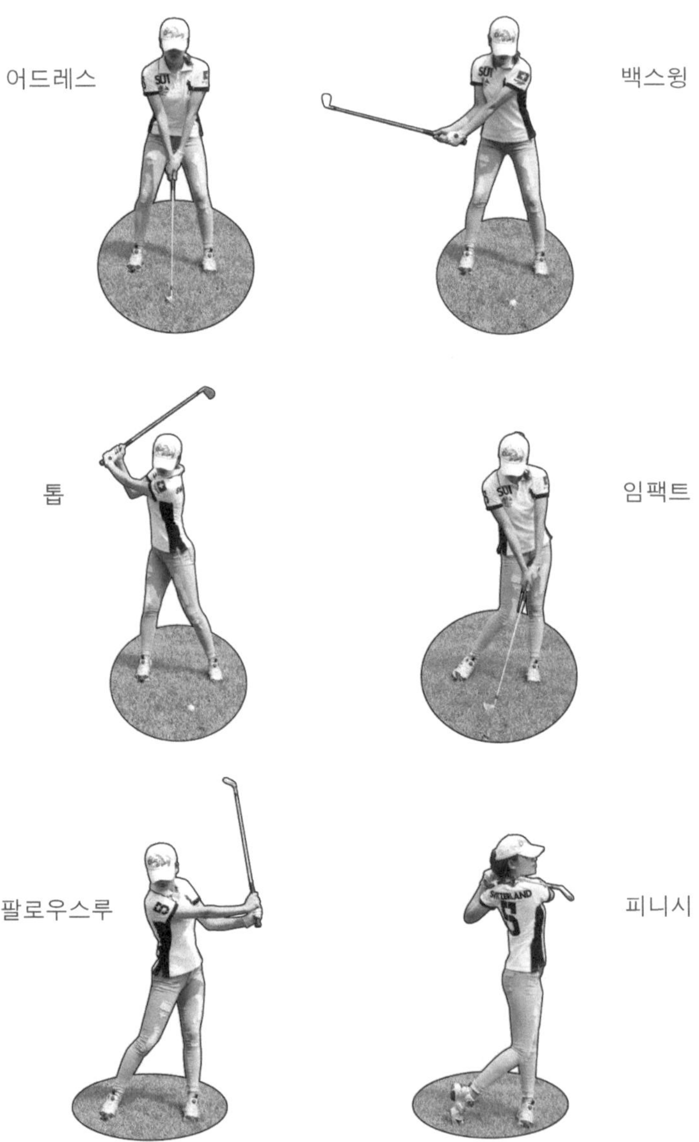

운동감각 발달하기

소뇌 기능을 활성화하는데 효과적인 브레인(brain) 피트니스(fitness) 동작

◈소뇌는 몸의 평형을 바르게 유지하는 작용을 합니다. 눈을 감고 30초에서 5분까지 바른 자세를 유지해야 소뇌 기능의 활성화는 물론 하체도 튼튼해집니다. 팔을 지면하고 평행하고 '†' 자세입니다.

⊙인지능력 향상을 위한 코스 매니지먼트 훈련입니다.

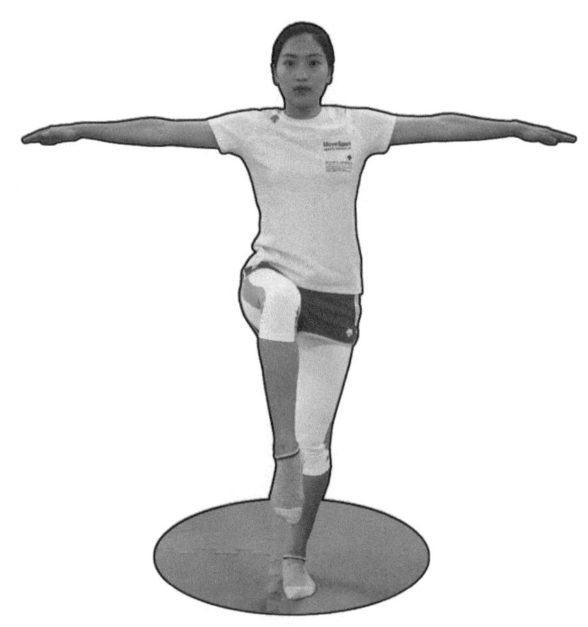

균형 감각을 키우며 하체를 강화할 수 있는 운동

◈정면을 바라보며 양팔을 하늘 위로 올립니다. 이때 몸통과 팔을 스트레칭하면서 숨을 내뱉습니다. 천천히 상체를 숙입니다. 왼쪽 다리는 그대로 오른쪽 다리를 곧게 뻗고 몸의 균형을 잡으면서 일자가 되게 합니다.

⊙밸런스 훈련입니다.

볼을 굴리는 칩샷 원리

◈팔을 늘어뜨린 상태에서 볼을 낮게 던집니다.

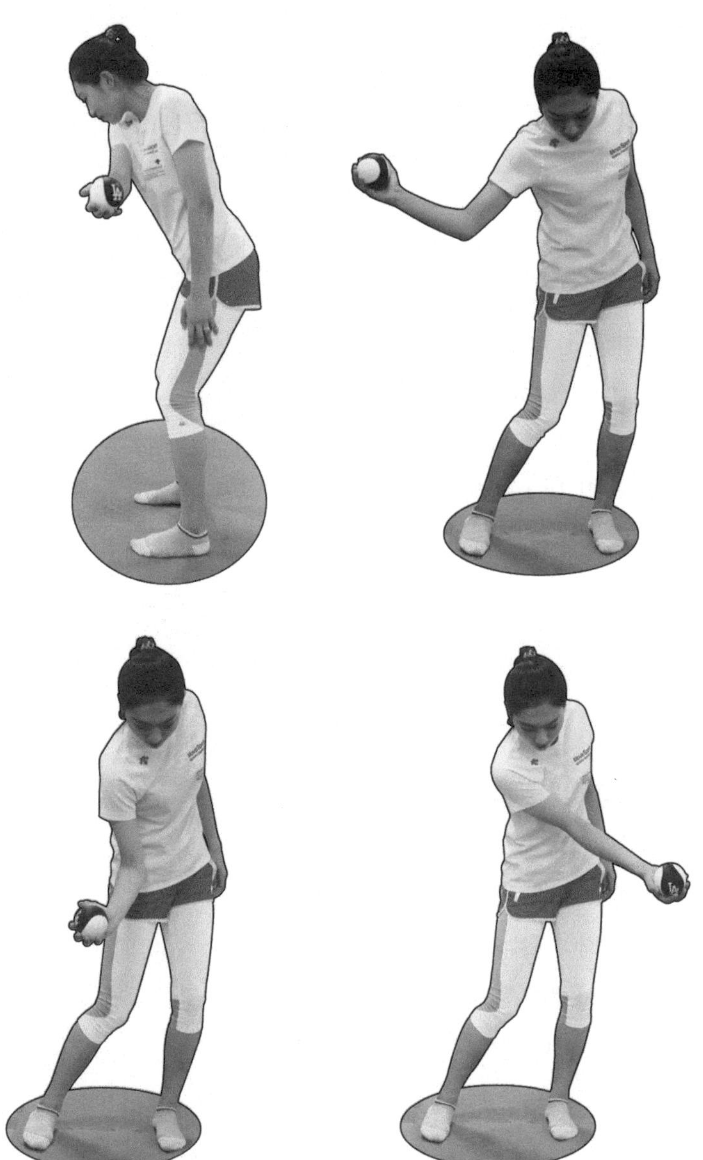

Chip shot

[칩샷] 그린 주위에서 공을 낮게 굴려서 홀에 접근시키는 어프로치 샷.

출처: 국어사전

칩샷

◈어프로치 중 띄워서 날아가는 거리보다 볼이 착지되어 굴러가는 거리가 많은 어프로치입니다. 칩은 가늘게 썬다는 느낌으로 허리 아래에서 스윙되는 샷입니다.

칩샷 요령

◈소문자 'y'자 형태의 어드레스 자세입니다. 체중은 왼발 쪽에 60% 이상 놓습니다. 다운스윙 시에도 체중 이동을 타깃 방향으로 해야 합니다. 칩샷을 할 때에는 하체가 앞쪽을 향해 전진하도록 해야 합니다. 임팩트 이후에도 소문자 'y'자 형태가 흐트러지지 않도록 유지되어야 합니다.

⊙오른쪽 무릎이 방아쇠입니다.

볼을 띄우는 피치 샷 원리

◈언더핸드 토스 동작에 팔은 목표 방향의 뒤쪽에서 앞쪽으로 원운동을 한다는 개념으로 볼을 높게 던져줍니다.

⊙농구공을 뒤로 던지는 연상을 하면 도움이 됩니다.

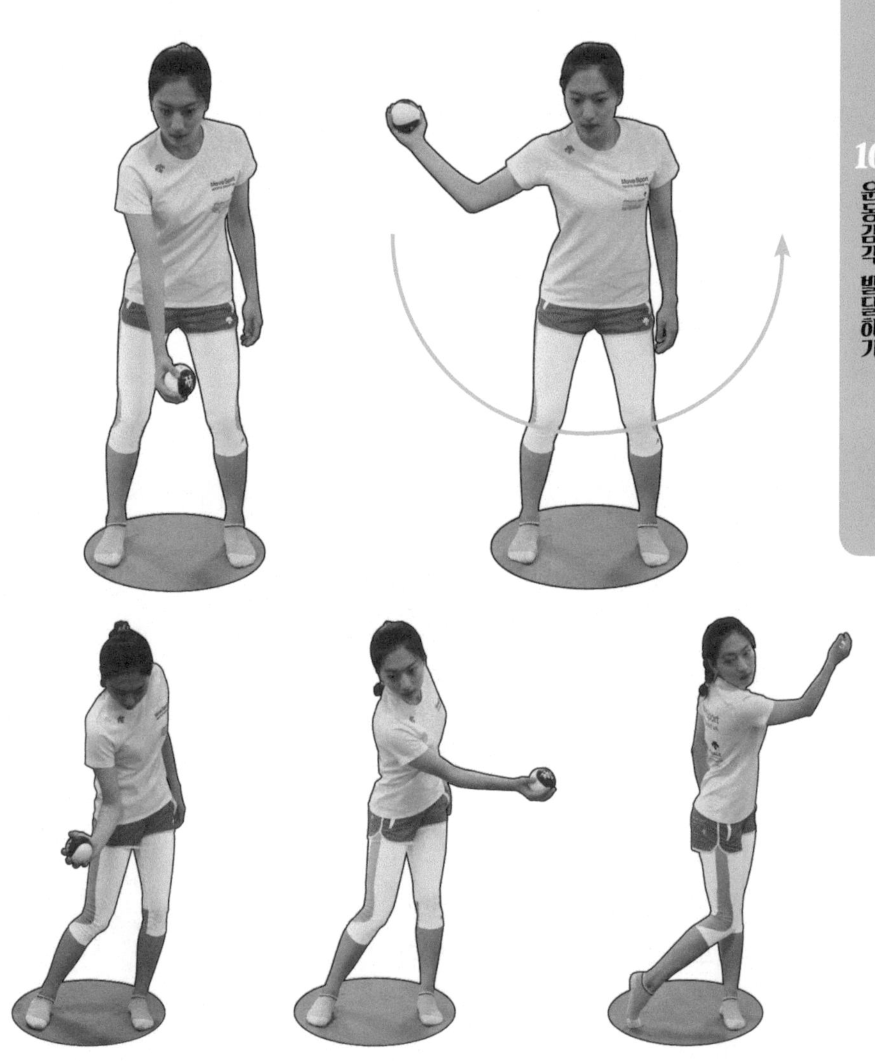

Pitch shot

[피치 샷] 쇼트 어프로치의 대표적인 샷. 피칭 웨지(pitching wedge)나 9번 아이언(iron) 등 로프트(loft; 골프채의 머리 부분 표면의 각도)가 큰 클럽을 사용하여, 퍼팅 그린에 올린 볼이 낙하지점에서 멈추거나 낙하점에서 그다지 굴러가지 않도록 강하게 백스핀을 걸어 때리는 타법이다.

출처: 체육학대사전, 민중서관

피치 샷

◈어프로치 중 띄워서 날아가는 거리가 볼이 착지되어 굴러가는 거리보다 많은 어프로치입니다. 피치는 일정한 간격으로 나눈다는 생각으로 볼을 두 개로 쪼개는 스윙을 해야 합니다.

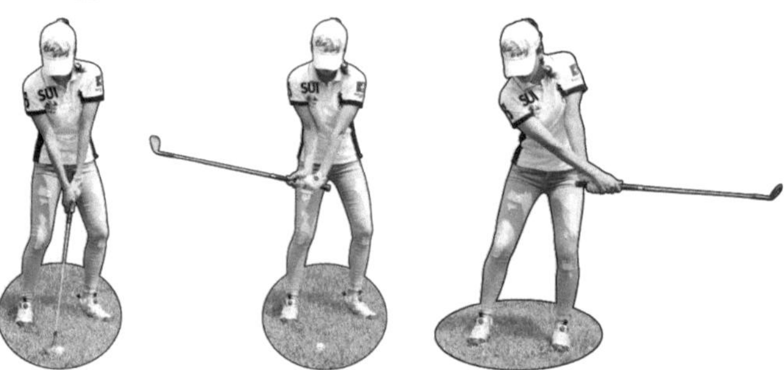

피치 샷 요령

◈체중은 왼발 쪽에 60% 이상을 둡니다. 백스윙 시 손목을 얼리 코킹을 해야 합니다. 임팩트 시에 자연스럽게 코킹을 풀면서 팔로우스루로 이어져야 합니다. 백스윙보다 팔로우스루에 더 커야 하고 임팩트 시에 더 가속되어야 합니다.

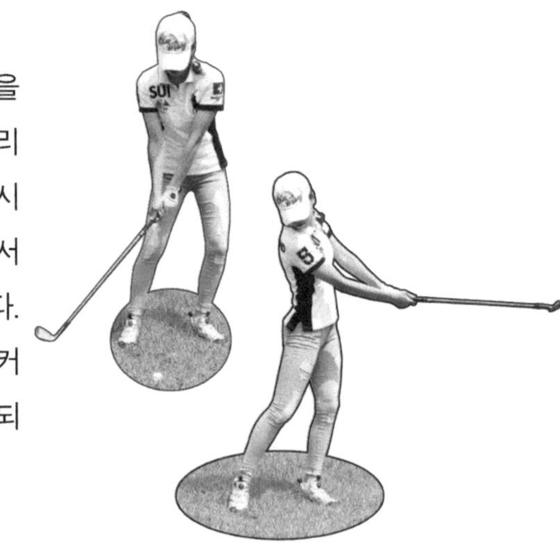

Early Cocking

[얼리코킹] 포워드 프레스를 하면서 코킹을 미리 하는 동작.

출처: 골프용어집, ㈜골프존

피치 샷의 키포인트

◈스탠스를 오픈한 후 팔과 몸이 함께 움직이도록 스윙하는 것입니다.

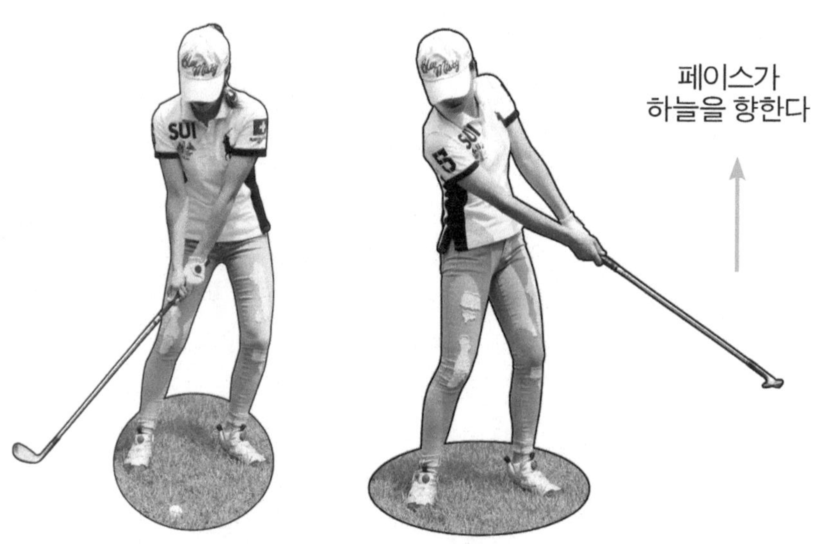

두뇌 개발하기

두뇌는 퍼팅 심리

◈퍼팅의 90%는 심리입니다. 퍼팅에서는 멀리건이 없습니다. 마음을 잡는 효과 있는 퍼팅의 길잡이는 첫 번째 그린 위를 걸으면서 마음의 평온을 찾는 것입니다. 두 번째는 연습 스트로크를 하면서 터치와 느낌을 가지는 것입니다. 마지막으로 운동신경을 개발하기 위해 20m 이상의 롱퍼팅을 해보는 것입니다.

Billigan←Bill+mulligan

[빌리건] 이미 친 샷이 좋지 않아 이를 없었던 것으로 하고 새로 치기를 자주 하는 일을 비유적으로 이르는 말. 미국의 전 대통령인 빌 클린턴(Bill Clinton)이 '멀리건(이미 친 샷이 좋지 않을 경우 이를 없었던 것으로 하고 새로 치는 일)'을 자주 즐긴 데서 연유한 명칭이다.

출처: 국립국어원 '신어' 자료집

퍼팅이란

◈그린 위에서 홀에 홀인(hole in)하는 최종의 목적지입니다. 좋은 퍼팅 자세는 어드레스입니다. 퍼팅 그립은 긴장감을 풀고 가볍고 느슨하게 합니다. 스윙의 리듬으로 원하는 거리를 조절합니다. 퍼팅의 템포는 하나 둘입니다. 퍼팅 시 볼의 위치는 왼쪽 눈 아래 놓이도록 합니다. 좋은 퍼팅감을 위해서는 오른손만 사용하는 연습이 도움 됩니다.

퍼팅 개요

◈퍼팅은 자연스럽게 몸통과 어깨를 이용한 퍼팅이 되어야 합니다. 손목과 머리의 고정은 필수이며 자신감과 집중력의 두뇌 게임입니다. 퍼팅의 메커니즘은 시계추 원리입니다. 시계추는 진자 운동이며, 등 꼭짓점을 기점으로 좌우 움직입니다. 퍼팅은 드라이버 스윙처럼 파워를 내는 특성보다는 감각적인 운동신경을 가지고 기교를 중시합니다.

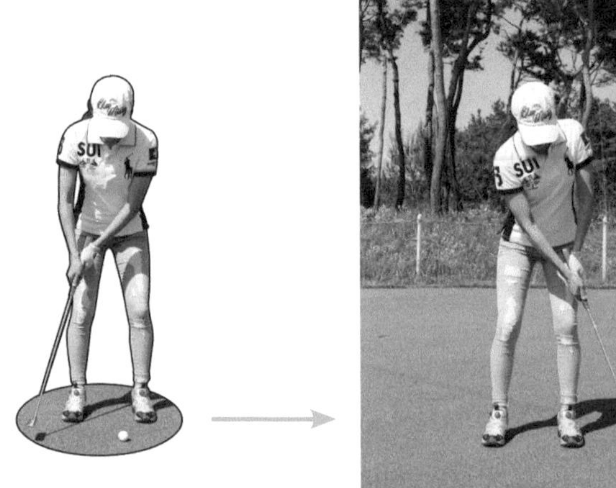

퍼팅의 스탠스

◈퍼팅 보폭은 어깨 넓이입니다. 발 사이가 좁으면 오히려 하체가 움직이거나 무너지기 쉬워서 좋지 않습니다. 안정적인 자세를 위해 치핑이나 피칭보다는 약간 넓게 서고, 왼발과 오른쪽 발의 앞끝은 나란하게 하여 에임(aim) 라인(line)과 평행을 이루는 것이 좋습니다. 발끝과 함께 어깨와 무릎도 에임 라인과 평행을 이루어야 합니다.

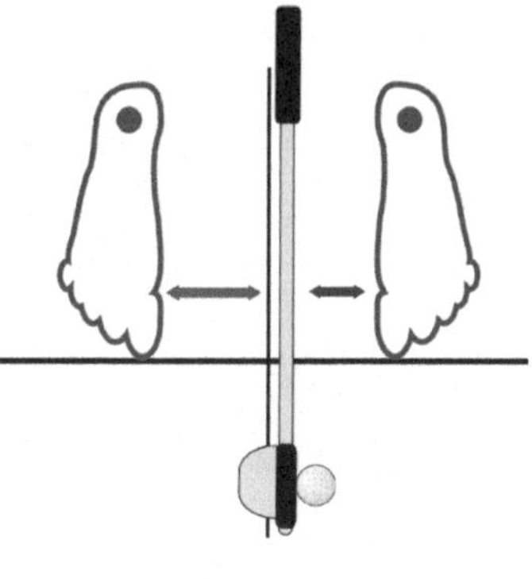

▲안정된 삼각형 구도

Chipping

[치핑] 공을 살짝 띄워서 그린에 올린 뒤 굴려서 홀에 접근시키는 일. 또는 그런 기술.

출처: 국립국어원 '신어' 자료집

퍼팅 그립 잡기

◈양 손바닥을 서로 평행하게 잡습니다. 양 손바닥(또는 양 손등)이 서로 마주 보되 퍼터 페이스와도 평행이 되게 해서 에임 라인과 수직이 되어야 합니다. 그립에 힘을 줘서 잡는 것보다는 부드럽게 잡아야 합니다. 양어깨선과 손이 만드는 삼각형의 자연스런 움직임에 의한 시계추 스트로크로 임팩트가 되어야 합니다.

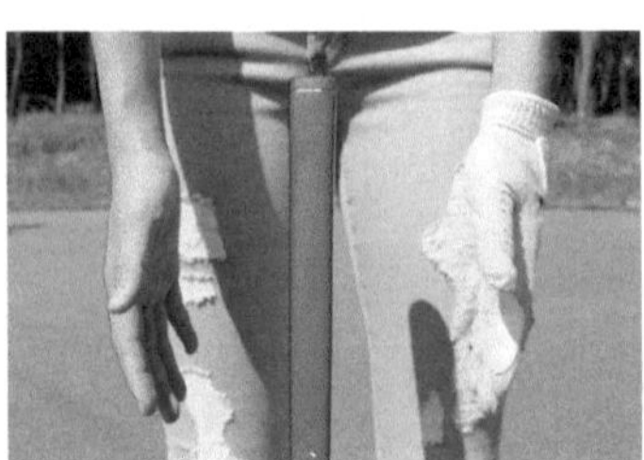

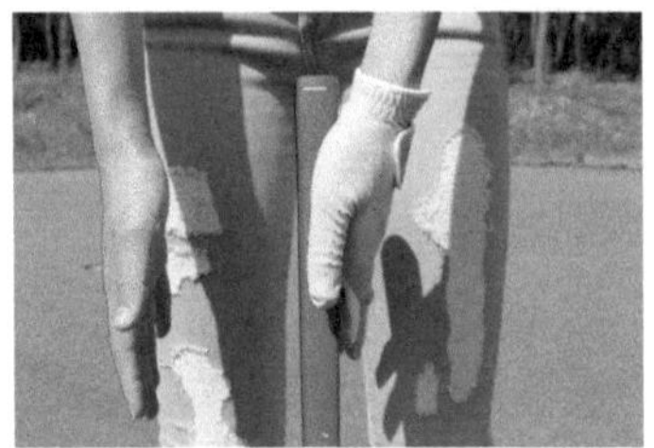

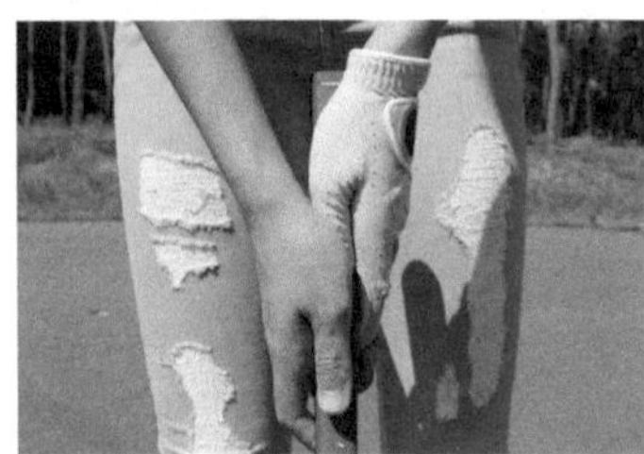

퍼팅 원리

◈퍼터는 지면에 낮게 스트로크가 되면서 퍼터의 페이스 중심이 볼의 중심을 맞추어야 합니다.

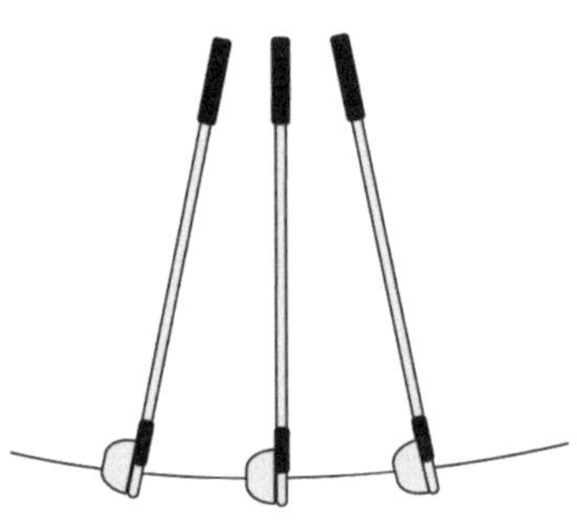

▲위에서 본 퍼터의 움직임

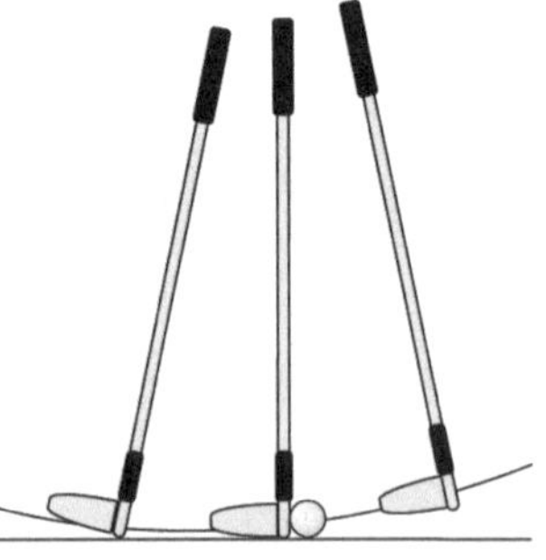

▲앞에서 본 퍼터의 움직임

퍼팅 요령

◈퍼팅의 핵심은 진자 운동의 축과 시계추 스트로크입니다. 퍼팅의 자세에서 양어깨선과 두 팔 그리고 결합된 두 손이 형성하는 삼각형은 퍼팅의 핵심입니다. 진자 운동의 축은 퍼터 그립 상단의 끝이 본인의 가슴을 관통한 등 꼭짓점입니다. 진자 운동의 축을 중심으로 삼각형이 진자 운동을 행할 때 시계추 진자 운동이 가능합니다.

▲진자 운동의 꼭짓점

▲진자 운동의 백스윙과 팔로우스루

12 건강한 골프 알기

건강한 가정 만들기

◈육체의 건강은 정신에서 오며 건강한 골프는 정신적인 운동으로 가정에서 만들어집니다. 가정은 '사람을 만드는 공장'이라고 심리학자 사티어(v.satir)는 말했습니다.

감성 지능을 찾아라

◈건강한 가정의 척도는 감성 지능을 찾는 것입니다. 미래 예측의 척도를 지능지수(IQ)를 통하던 지식 정보의 시대에서, 자신과 타인의 감정을 효과적으로 처리할 수 있는 감성지수(EQ)의 네트워크 시대에 살고 있습니다. 감성 지능은 다른 사람들과 사이에 오고가는 느낌이나 감정을 제대로 관찰하고 잘 식별하여 자신의 사고나 행위를 통제할 수 있는 정보로 활용하는 능력입니다. 정서적으로 충동적인 유소년 시기에 일상적으로 발생하는 충동을 참는 자기 지각, 무조건 하고자 하는 욕심을 조절하는 능력, 공감 능력, 협동심에 관한 가르침 등의 학습은 건강한 가정을 만드는 가족 구성원으로서 필수 요건입니다. 감성 지능 훈련은 주의력 훈련에서부터 시작하고 행동하기 전에 멈출 수 있는 능력을 갖게 하는 훈련입니다. 골프 스포츠는 라운드를 통하여 주의력을 가진 코스 매니지먼트, 위기에서 한번 생각하고 충동을 멈출 수 있게 극복하는 방법, 공감하는 파트너 매너 등은 감성 지능을 찾는 바람직한 효과가 있다는 사실입니다.

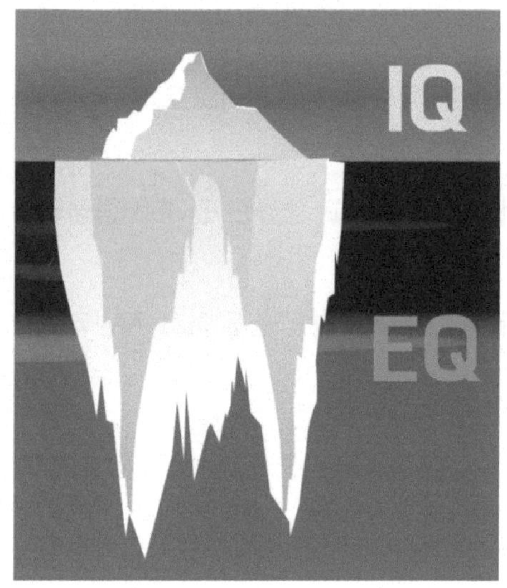

◀잠재되어 있는 EQ
IQ & EQ

가정은 건강한 골퍼의 출발선

◈건강은 단순히 질병이 없거나 허약하지 않은 상태만이 아니라 신체적, 정신적, 사회적 안녕의 완전한 상태를 말합니다. 우리는 홍익인간 정신 아래 사람을 존귀하게 여기는 민족으로 인심이 좋은 서민 문화를 형성해 왔습니다.

세계 근대화의 기회를 놓치기도 했지만 부지런한 끈기와 열정으로 글로벌 시대에 선진국으로 진입하고 있습니다. 우리 사회는 골프 강국으로의 개인 주체성과 글로벌 시대의 다양한 문화의 접목으로 선진화되어 가고 있습니다. 변화의 시대 우리 가정의 역할은 중요합니다. 핵가족, 고령화, 기후변화, 자원고갈 등 사회 변동에 따라 건강한 가정은 21세기 현대 사회의 정신 건강 기준선이며 육체 건강의 출발선입니다.

○사회 구성원의 최소 단위인 가정입니다.
○가정은 건강해야 하는 기준선입니다.
○가정은 건강한 골퍼의 출발선입니다.

가정의 건강성

◈건강한 가정은 먼저 의식주를 해결하고 경제적으로 안정되어야 합니다.

◈건강한 가정은 열린 대화로 민주적이고 평등한 관계로 형성되어야 합니다.

◈건강한 가정은 본업과 여가에 따라 역할을 분담하고 지원되어야 합니다.

◈건강한 가정은 자녀의 양육과 성장 발달 지원에 함께 노력하여야 합니다.

◈건강한 가정은 일과 가정의 공동체적인 조화와 자원을 합리적으로 관리하여야 합니다.

◈건강한 가정은 나눔의 봉사와 건강한 파트너십으로 품격 있는 가정으로 조성되어야 합니다.